会展项目管理

（第2版）

薛 莹 主编

清华大学出版社
北 京

内容简介

本书注重理论与实践相结合，系统介绍了会展项目管理的主要过程、方法和技术，涵盖了项目管理领域的重要知识理论，使用了国际项目管理领域的通用词汇、良好做法和普遍认可的知识体系，也结合了会展产业领域的项目特点和实际，简明扼要地向读者提供会展项目管理过程的操作步骤、方法和经验。

本书可作为高等院校会展经济与管理类及相关专业本科生、专科生的教材，同时也可作为会展行业相关人员及广大期望从事会展项目管理实践人员的自学和培训的参考工具书。

图书在版编目(CIP)数据

会展项目管理 / 薛莹 主编 . —2 版 . —北京：清华大学出版社，2020.9（2024.7 重印）
ISBN 978-7-302-56156-9

Ⅰ. ①会… Ⅱ. ①薛… Ⅲ. ①展览会－项目管理－教材 Ⅳ. ① G245

中国版本图书馆 CIP 数据核字 (2020) 第 143491 号

责任编辑：施 猛
封面设计：周晓亮
版式设计：方加青
责任校对：马遥遥
责任印制：杨 艳

出版发行：清华大学出版社
网 址：https://www.tup.com.cn, https://www.wqxuetang.com
地 址：北京清华大学学研大厦A座 邮 编：100084
社 总 机：010-83470000 邮 购：010-62786544
投稿与读者服务：010-62776969，c-service@tup.tsinghua.edu.cn
质 量 反 馈：010-62772015，zhiliang@tup.tsinghua.edu.cn
印 装 者：涿州市般润文化传播有限公司
经 销：全国新华书店
开 本：185mm×260mm 印 张：11.25 字 数：232千字
版 次：2013年11月第1版 2020年9月第2版 印 次：2024年7月第3次印刷
定 价：39.00元

产品编号：084513-01

前 言

当今时代瞬息万变，颠覆性科技、互联网思维不断给商业世界带来冲击和变化。在这个过程中，越来越多的组织通过技术转型、商业模式转型来提高自身的经营效率和效益。项目，作为管理者追求变革、进步和增值的重要武器，越来越得到各界人士重视。各类型的组织普遍地把各种工作任务按项目进行管理，几乎把项目观念渗透到所有的业务领域。有了项目，就要进行项目管理。项目管理的理念得以被越来越多的组织加以应用，项目管理成为组织管理过程中不可或缺的方式。

项目管理的知识和方法是经过大量的项目实践后，通过对项目运作过程中实践工作者普遍认同的良好做法进行总结和提炼，而形成的一套相对完整的科学管理体系，其价值和有效性已经获得了普遍认可，是一种世界通用的管理语言，在国内外不同行业的大大小小项目里得到了广泛应用。

近20年来，会展作为新兴产业，对区域经济增长起到带动作用。一个又一个的会展项目，跨越行业和空间，整合和融合着不同的商业边界和地域边界，生发出越来越多的产业交叉点和商业闪光点。同时，物质产品与人性服务、机器服务之间的融合性、复杂性，又为项目管理知识和方法上的应用提出了更多诉求。

进入21世纪后，随着会展业在我国的快速发展，对高素质会展专业人才的需求也日益旺盛，国内先后出现了一批由不同作者编写出版的会展项目管理教材，对会展项目的管理知识和方法进行了总结和介绍。相较于以往同类教材，本书立足于会展项目管理的行业需要和项目管理科学主流体系，尊重美国项目管理学会制定的项目管理知识体系(PMBOK)的权威性和完整性，尊重国际标准化组织(ISO)制定的ISO 10006关于项目管理的标准，并参考项目管理、会展项目管理领域已有成果，形成本书体系和内容。本书在知识体系上，涵盖了项目管理领域的重要理论知识和技术方法，也结合了会展行业项目的普遍需要，简明扼要地阐述了会展项目管理过程的基本步骤、主要方法和普遍经验。

在编写本书过程中，作者参考了相关资料和论著，在此向有关作者表示衷心的感谢！同时，由于编者能力有限，书中难免存在不足之处，敬祈专家学者及广大读者多提宝贵意见。反馈邮箱：wkservice@vip.163.com。

编 者

2020年6月

目 录

第一章 会展项目管理引论

学习目标

理解和掌握有关会展项目、会展项目管理的基本概念和特征。

基本概念

会展项目；会展项目管理。

第一节 项目和会展项目

一、项目

“项目”一词在经济与社会发展中的应用十分广泛，大到一个国家、地区，小到一个企业、职能部门，都会主导、参与各类项目。自改革开放以来，我国经济和社会快速发展，在国家和地区、地方建设中推进了许多重要项目。例如，京九铁路项目、三峡工程项目、国道主干线项目等就是国家级项目；各地的高新技术开发区项目、高速公路项目等就是区域性项目；希望工程项目、申办和举办奥运会和亚运会等就是社会类项目；还有国家和地方的各种科技发展项目、各种军事和国防工程项目以及各类企业的新产品开发项目等。如今，数字经济、人工智能越来越普遍地渗透到我国生产与生活活动中，无论是政府机关部门还是企事业单位组织，都大力开发和引进承载着新技术、新知识的项目，经济社会越来越关注和重视与互联网、数字科技有关的各类新项目的价值和作用。

1. 项目的概念

在“项目”多种定义中，较常用的是1964年Martino对项目的定义：“项目为一个具有规定开始和结束时间的任务，它需要使用一种或多种资源，具有许多个为完成该任务所必须完成的互相独立、互相联系、互相依赖的活动。”

在标准化管理体系里，ISO 10006将项目定义为：“具有独特的过程，有开始和结束日期，由一系列相互协调和受控的活动组成。过程的实施是为了达到规定的目标，包括满足时间、费用和资源等约束条件。”

德国国家标准DIN 69901将项目定义为：“项目是指在总体上符合如下条件的具有唯一性的任务：具有预定的目标；具有时间、财务、人力和其他限制条件；具有专门的组织。”

美国项目管理协会在其出版发行的项目管理标准和指南中，从有价值的、有效的项目管理角度，认为：“项目是为创造独特的产品、服务或成果而进行的临时性工作。”

由此可见，项目是一个有计划的活动，是为了完成特定目标，按照规定时间，在预算范围内，有组织地完成的一组任务。它是某种一次性的任务，具有一个明确的目标，包括数量、功能和质量标准，项目执行者要按照限定的时间和财务预算来完成任务所规定的目标。

要判断哪些工作是项目，哪些不是项目，一般可以依据以下几个主要要素：①明确的目标和具体的结果(产品或结果)；②明确的开始与结束日期(项目工作开始日期和结束日期)；③既定的预算(包括人员、资金、设备、设施和资料总额等)。

2. 项目的特征

总体来说，项目具有如下几点特征。

(1) 目的性。所有项目都设有完成目标，如获得一项成果或产生一种产品。没有目标的工作不是项目，只能算是一种活动。

(2) 临时性。所有项目都有明确的起点和终点，当项目目标达成时，或当项目不能达到目标而中止时，或当项目需求不复存在时，项目就结束了。项目最终都会结束或终止，没有无限期的项目。项目有生命周期，有阶段性，但临时性并不意味着项目的持续时间短。

(3) 独特性。大多数项目都是为了创造持久性的结果，如博物馆、艺术馆、纪念碑等建筑项目，多是为了创造能够持久存在的成果。基本上，每个项目都会创造独特的产品、服务或成果。尽管某些项目可交付成果中可能存在重复的元素，但这种重复并不会改变项目工作本质上的独特性。例如，即使采用相同或相似的材料，或者由相同的团队来建设，每一幢办公楼的位置、环境等也是不同的，是独特的。

(4) 约束性。所有项目均受各种条件的约束，如资金、人员、时间、政策、法律等。项目要实现的功能、性能也是对项目的一种约束，项目的最终结果要达到这些要求。

3. 项目的类型

项目的类型按照不同的分类方法有所不同。

(1) 按项目规模分类。根据投入项目的劳动、项目持续时间、项目投资额等指标，可以将项目分为大型项目、中型项目和小型项目。在采用这种方法对项目分类时，不同的国家、不同的行业会有不同的标准。

(2) 按项目的复杂程度分类。项目所包含的内容、技术、组织关系、人员关系的复杂程度有很大差别，根据这些差别，可以把项目分为复杂项目和简单项目。

(3) 按行业分类。按项目所属的行业，可以把项目分为农业项目、工业项目、信息技术项目、高科技项目、软件开发项目、金融项目、教育项目、旅游项目、会展项目等。

(4) 按管理特点分类。按项目的管理特点，可以把项目分为工程建设项目(以有形产品的技能、工艺活动为主)、业务运作项目(以无形产品的技能、工艺活动为主)、新产品开发项目(以有形产品的智力活动为主)、技术研究开发项目(以无形产品的智力活动为主)。

综上所述，项目可以创造一种产品，既可以是其他产品的组成部分，也可以本身就是终端产品；可以创造一种能力，能用来提供某种服务；可以创造一种成果，如某研究项目所产生的知识。例如，开发一种新产品或新服务；改变一个组织的结构、人员配备或风格；开发或购买一套新的或改良后的信息系统；建造一幢大楼或一项基础设施；实施一套新的业务流程或程序。

二、会展项目

1. 会展项目的概念

会展是会议、展览、大型活动等集体性活动的简称，是指在一定地域空间，许多人聚集在一起形成的定期或不定期、制度或非制度地传递和交流信息的群众性社会活动，如各种类型的博览会、展览展销活动、大型会议、体育竞技运动、文化活动、节庆活动等。狭义的会展仅指会议和展览会；广义的会展是会议、展览会、节事活动的统称。

会展项目首先是项目，符合项目本身的特征，同时又具有会展类行业的一些自有特征。对于任何一个项目而言，行业的性质、组织、项目本身或项目发起人的需求总是以独特的方式组合在一起，项目本身的特征和需求是认识不同行业类项目的要素。

会展项目往往不是批量地生产产品，具有多样性。会展项目的执行过程总是会处于不断变化的复杂环境中，并且常常伴随着风险。一次专业展览会、一次专业性的学术会议活动、一次大型体育赛事活动、一场大型歌舞演出活动等，都属于广义上的会展类项目，它们都有自身要面对的挑战和风险。会展人员执行会展项目时，往往需要集成各种专业技能和学科知识，既有展台设计与搭建、会场设计与搭建、舞台设计与搭建等建筑设计与工程建造类的任务内容，也有广告设计与宣传、营销与谈判、接待服务与管理、网络化信息服务与管理等任务内容。这些耦合着工程、文化、商业、服务、管理、计算机硬件软件等类别的工作内容，既要有物质性的场地设施，也要有复杂的后勤保障，还要有相关的政府规定和支持，以及各种各样内外部制约因素的协同作用。因此，会展项目在为了达成项目本身所追求的目标和目的时，所创造的独特性成果更为复杂和多层，可能是一次展览会所达成的贸易交易额或人流量，可能是一次会议交流活动的交流效益，可能是一次歌舞演出的绝佳愉悦体验，也可能是一次体育赛事的难忘体验。

从一般层面上，会展项目是指一个以会展为内容的有计划的工作活动，有要实现的工作目标，有工作开始和结束的起点和终点，为了完成特定目标，在规定时间内，在预算范围内，对人、财、物加以组织来完成的工作任务。

2. 会展项目的特征

会展项目的特征具有项目本身的特征，包括目的性、临时性、阶段性、独特性、约束性等，同时具有较为明显的会展类特征，最突出的就是“人”这个因素。无论是会议、展览，还是演出、赛事，往往需要人与人之间面对面的交流，所以判断一个项目是不是会展项目，要去寻找有没有人与人之间面对面的活动在里面，即使在线会议、在线展览、在线演出等互联网空间的会展活动，也需要在面对电脑、电视、手机等屏幕时才能发生。所以，在会展项目中，“面对面”的人与人之间的交流活动才是关键。

3. 会展项目的分类

会展从狭义角度上，包括会议和展览会。我们仅从狭义角度，把会展项目分为会议项目和展览项目。

1) 会议项目的分类

(1) 按会议的组织形式，可以把会议项目分为年会、代表会议、论坛、讨论会、座谈会。

(2) 按会议的内容，可以把会议项目分为商务型会议、度假型会议、展销会议、文化交流会议、专业学术会议、政治性会议、培训会议。

(3) 按会议的主办主体，可以把会议项目分为协会会议、公司会议和政府会议。

2) 展览项目的分类

(1) 按展览项目的性质，可以把展览项目分为贸易类展览项目和消费类展览项目。贸易类展览项目是指为产业及制造业、商业等行业举办的展览活动。参展商和参观者主体都是商人，参展商可以是行业内的制造商、贸易商、批发商、经销商、代理商等相关单位，参观者主要是经过筛选邀请来的采购商，一般的观众被排除在外。展览的最终目的是达成交易。消费类展览项目是指为社会大众举办的展览活动，这类展览项目多具有地方性质，展出内容以消费品为主，通过大众媒介如电视、电台、报刊、网络等吸引观众。消费类展览项目的观众主要是消费者，消费者需要购买门票入场，这类项目非常重视观众的数量。区分展览项目是贸易性质还是消费性质，主要标准是观众的组成，即观众是贸易商还是一般消费者，而不是以展品，即工业品或消费品来判断。

(2) 按展览项目内容，可以把展览项目分为综合类展览项目和专业类展览项目。综合类展览项目是指包括全行业或数个行业的展览会，也被称为横向性展览会，如重工业展、轻工业展。专业类展览项目是指展示某一行业甚至某一项产品的展览会，如钟表展。

(3) 按展览项目的级别，可以把展览项目分为不同级别的展会。原国家经贸委2002年12月批准了中华人民共和国商业行业标准《专业性展览会等级的划分及评定》(SB/T 10358—2002)，并于2003年3月1日起实施。2013年7月1日，国家商务部对SB/T 10358—2002《专业性展览会等级的划分及评定》进行了修订，开始实施SB/T 10358—2012《专业性展览会等级的划分及评定》，该标准适用于在中国境内举办的以经济贸易活动为目的的专业性展览会的等级划分及评定。目前，我国只有对专业性展览会的等级进行划分和评定的标准，在该标准中具体规定了专业性展览会等级评定条件。

(4) 按展览项目的影响地域，可以把展览项目分为国内展、国际展。国际展览局在其公约中规定，有两个以上国家参加的展览会都可以被称为“国际展览会”。在贸易展览业中，使用比较普遍的标准是由国际展览会联盟规定的，具备20%以上的展出者来自国外，或者20%以上的观众来自国外，或者20%以上的广告宣传费使用在国外的展览会，就可被称为“国际展览会”。

第二节　项目管理和会展项目管理

一、项目管理

项目管理是运用系统的管理理论和方法，利用现有的资源，将各种知识、技能、手段、技术应用到项目中，对项目进行计划、组织、实施、协调、控制等专业化的活动，最终达到项目的预定目标。项目管理和企业管理不同，企业管理的范围更大。企业的很多工作都可以看成一个个子项目，按照项目来进行管理。项目管理的系统较小，它所指的系统是一个项目，而企业是一个整体。企业管理可以按照项目管理模式进行，可以说项目管理是企业管理的一种模式。

1. 项目管理的发展历程

通常认为，项目管理是第二次世界大战的产物(如美国研制原子弹的“曼哈顿计划”)，在20世纪四五十年代主要应用于国防和军工项目。项目管理在20世纪50年代后的发展可以分为两个阶段，即20世纪80年代之前为传统的项目管理阶段和20世纪80年代之后为现代项目管理阶段。20世纪60年代，项目管理的应用范围还局限于建筑、国防和航天等少数领域。进入20世纪90年代以后，随着信息时代的来临和高新技术产业的飞速发展，项目的特点也发生了巨大变化，在发达国家中现代项目管理逐步发展成为独立的学科体系和行业，成为现代管理学的重要分支。

项目管理的理论来自管理项目的工作实践。时至今日，不同的国家和组织推出了各自的项目管理知识体系，如美国项目管理协会的项目管理知识体系、英国项目管理学会的项目管理知识体系、中国劳动保障部的项目管理知识体系等。其中，美国项目管理协会制定的项目管理知识体系较为成熟，在国际上有较高的知名度。1969年成立的美国项目管理协会(PMI)是一个有着近5万名会员的国际性协会，致力于向全球推行项目管理，是项目管理专业最大的全球性专业组织，由研究人员、学者、顾问和经理组成。国际项目管理协会(IPMA)是一个在瑞士注册的非营利性组织，它的职能是推进项目管理的国际化。

我国对项目管理的系统研究和行业实践起步较晚。尽管一些高校和研究机构在20世纪70年代末就开始做这方面的引进和介绍工作，但直到1991年我国才成立全国性的项目管理研究会。我国财政部于1994年向世界银行申请了一笔世界银行机构发展基金(IDF)赠款，专门用于项目管理人才培养，建立了由清华大学、同济大学、上海财经大学和西安交通大学等高校组成的项目管理培训网。1991年6月，中国项目管理研究委员会正式成立，是我国唯一的、跨行业的、全国性的、非营利的项目管理专业组织。我国项目管理水平与国际水平之间还有差距，现阶段仍然需要做好引进、消化工作，同时研究一些我国国情下的特殊问题，逐步形成有中国特色的项目管理理论。

2. 项目管理的概念

英国建造学会编写的《项目管理实施规则》对项目管理的定义是：“为一个建设项目进行从概念到完成的全方位计划、控制与协调，以满足委托人的要求，使项目得以在所要求的质量标准基础上，在规定时间内，在批准的费用预算内完成。”美国项目管理协会在

《项目管理知识体系指南》中，将项目管理界定为“将知识、技能、工具与技术应用于项目活动，以满足项目的要求”。欧洲和北美国家的项目管理理论中，有的对项目管理知识从核心要素和附加要素角度进行总结和归纳，有的对项目管理过程进行过程分解和类别分解，这些对于我国项目管理实践和理论发展起到了较为重要的启示作用。

在某个项目从开始执行直至终止的过程中，是管理主体对管理客体进行管理，管理主体是项目管理者，管理客体是项目周期中的工作任务。项目管理就是对项目发展周期的全过程进行管理，需要在有限资源条件下，在保证项目时间、质量、成本最优化的前提下，处理好不同利益相关者的各种需要、关注和期望，平衡好各种相互竞争的制约因素，包括范围、质量、进度、预算、资源、风险等，从而最终实现项目管理的各项目标，如专业目标(功能、质量、生产能力等)、工期目标和费用(成本、投资)目标等。

3. 项目管理的总体把握

项目管理在总体上需要把握以下几点。

(1) 制订计划。如果没有计划，项目管理将会杂乱无章，项目进行没有先后次序，进度无法把握，质量无法控制，阶段目标无法设定，验收没有标准。

(2) 系统管理。项目管理是一项系统工程，管理必须形成体系，因此要用系统工程的思想和方法进行管理。

(3) 过程控制。项目管理最重要的是过程管理，如果过程出现问题，最终的结果一定有问题，最终的目标也难以实现。

(4) 资源调配。项目需要很多资源，所以项目管理通常就是资源管理。项目需要人力资源，所有项目都需要由人来完成，如何协调人力资源至关重要；项目需要资金，资金是项目成功的保障，项目启动必须筹集足够的资金，项目进行中要进行成本核算，进行资金使用的管理；项目建设需要各种物资，需要进行物资的采购，需要进行供应商的挑选、招标和采购管理。

二、会展项目管理

会展项目管理的主体仍然是项目管理者，管理客体是会展项目过程，即会展项目周期中的全部工作任务。进行会展项目管理就是运用系统的项目管理理论和方法，将管理学知识、技能、手段、技术与会展类专业知识、技能、手段、技术相结合，根据会展项目本身现有的资源条件，对项目进行计划、组织、实施、协调、控制，满足项目需求，满足项目各方利益相关者的需要、关注、期望，并平衡范围、质量、进度、预算、资源、风险等制约因素间的关系，实现会展项目要创造和达成的目标。

1. 会展项目管理的特征

会展项目是需要组织“face to face”(面对面)交流的活动，总是需要容纳多专业的工作内容，因此，会展项目管理具有以下几个突出特征。

(1) 顾客导向性。会展项目以提供令客户满意的服务为目标。会展业属于第三产业，从服务业的本质出发，要求会展从业人员围绕人来开展工作，最终实现客户满意的目的。因此从目标看，会展企业引进项目管理的运作方式可以使企业最大限度地实现会展目的，服务于参会者或参展商。

(2) 客户广泛性。会展活动以客户群体而非个体为对象。会展项目的服务对象是以参会者、参展商、专业观众等为主的客户群，其构思与启动要充分调研客户的需求和市场。一个成功的会展项目，往往把会展与文化、旅游等活动有机结合起来，一方面吸引大量的参展商参展或参会者参会，丰富会展内容，另一方面也增强对观众的吸引力，扩大观众的观展或参会规模，从而形成广泛的客户群体。

(3) 行业关联性。实施一个会展项目会涉及服务、交通、通信、建筑、装饰等诸多部门，需要诸多部门和行业的密切配合，同时也能直接或间接带动一系列相关产业如旅游业、广告业等的发展。

(4) 效益综合性。会展项目的投资效益是综合性的，这种综合性体现在两个方面：一是会展项目投资在获取经济效益的同时，还将获得巨大的社会与环境效益，比如推动社会相关行业的发展、城市环境的优化等；二是项目的关联性决定了项目收益由多方构成，具有综合性的特点。

此外，会展项目可以在所有的组织层次上进行，一个项目可能涉及一个人、一个组织单元或多个组织单元。会展项目所产生的社会、经济和环境影响，也往往比项目本身要长久得多。

2. 会展项目管理的任务

会展项目有多种类型，对于不同类型的会展项目，进行项目管理时，其具体任务不尽相同，但任务的主要范围是相似的，一般包括建构会展项目团队组织、管理会展项目成本、管理会展项目进度、管理会展项目质量、管理会展项目风险等。

(1) 建构会展项目团队组织。这项任务包括明确会展项目团队组织关系和沟通渠道、选择合适的会展项目组织形式、选拔会展项目经理及调集各有关职能人员、组建会展项目团队、制定会展项目管理制度和建立会展项目信息管理系统等。前三个任务是提高会展项目组织的运行效率和运行效果的重要前提，后三个任务是提高会展项目组织的运行效率和运行效果的重要保证。

(2) 管理会展项目成本。项目成本管理的任务主要包括编制成本计划、审核成本支出、分析成本变化情况、研究降低成本途径和采取成本控制等。前两个任务是对成本的静态控制，比较容易实现；后三个任务是对成本的动态控制，比较难实现，不仅需要研究一般项目成本控制的理论和方法，还需要总结特定项目费用控制的经验，才能将成本控制在计划目标内。

(3) 管理会展项目进度。项目进度管理的任务主要包括进度方案的科学决策、进度计划的编制和实施有效的进度控制等。进度方案的科学决策是实现进度控制的先决条件；进度计划的编制是实现进度控制的重要基础；实施有效的进度控制是实现进度控制的根本保证。

(4) 管理会展项目质量。项目质量管理的任务主要包括规定各项工作的质量标准与预防措施、对各项工作进行质量监督与验收以及对各项工作的质量问题的处理等。规定各项工作的质量标准与预防措施是实现质量目标、将“事后处理”转为“事前控制”的可靠基础；对各项工作进行质量监督与验收是实现质量目标的重要过程，它包含对会展项目设计质量、施工质量以及材料和设备等质量的监督与验收；对各项工作的质量问题进行处理是实现质量目标的根本保证。

(5) 管理会展项目风险。风险管理的任务主要包括会展项目风险识别、风险估测、风险评价，并在此基础上优化组合各种风险管理技术、对风险实施有效的控制和妥善处理风险所致的后果等。会展项目风险管理的目的是以最少的风险管理成本获得最大的安全保障。

复习思考题

1. 什么是项目？项目有什么特征？
2. 什么是会展项目？会展项目有什么特征？
3. 会展项目管理的任务有哪些？

第二章
会展项目管理过程的整合管理

学习目标

理解会展项目管理过程组的基本定义、特征和主要流程，理解会展项目管理过程组的整合管理内容。

基本概念

启动过程组；规划过程组；执行过程组；监控过程组；收尾过程组。

第一节 会展项目管理过程概述

项目管理是一种综合性工作，多项任务之间总是彼此联系、相互交叉，而且各项任务过程都有阶段性演进特征。项目管理在各任务过程均有发生阶段的相对一致性，通常包括启动过程组、规划过程组、执行过程组、监控过程组、收尾过程组。因此，会展项目管理要注重整体管理全过程、多任务、多阶段的协调与统一。

一、会展项目管理过程的主要组成

会展项目管理的全过程可以划分为5个阶段的项目管理过程，这些不同阶段过程组渗透在会展项目管理的各项任务中，彼此关联，并发挥着阶段性的管理作用，如图2-1所示。

这些管理过程的阶段及其定义，具体如下所述。

(1) 启动过程组。会展项目本身获得立项，或者会展项目管理进入一个新的阶段时，项目管理要正式开启，由此形成一组相关的管理行动，被定义为启动过程组。

(2) 规划过程组。为会展项目本身，或者为项目的某一个新阶段来明确项目范围和目标，并为实现目标而制定行动方案的一组过程，被定义为规划过程组。

(3) 执行过程组。为了完成会展项目总体管理计划或阶段性管理计划中所确定的项目目标，而去完成具体的工作任务，从而得以实现项目目标的一组过程，被定义为执行过程组。

(4) 监控过程组。针对会展项目本身，或者针对会展项目管理的某一个新阶段，为了跟踪、审查和调整会展项目的进展与绩效，要与原项目管理计划之间发生变更的部分，并启动相应的变更方案的一组过程，被定义为监控过程组。

(5) 收尾过程组。当会展项目管理某一阶段要结束，或者会展项目本身要结束时，为了正式结束阶段或项目，要实施的所有管理活动所形成的一组过程，被定义为收尾过程组。

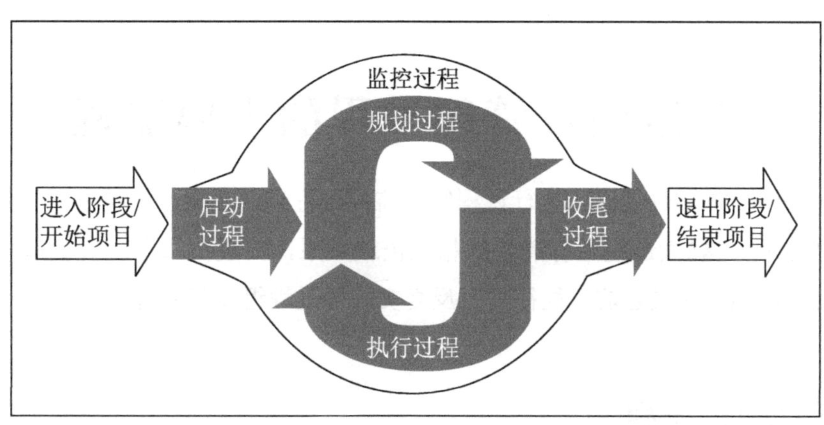

图2-1　会展项目管理过程的主要组成

二、会展项目管理过程的主要特征

会展项目管理过程具有整合性特征，这意味着项目管理各过程之间不是完全独立、界面清晰的，而是彼此关联、相互作用的。会展项目管理在实践中，各过程在完成项目任务时，将以某些方式相互重叠和互相作用。

如图2-1得知，项目管理各过程看上去似乎总是头尾相接，一个过程的输出通常成为另一个过程的输入，或者成为项目的可交付成果。实际上，这些过程组极少是孤立的或是一次性事件，而是会在整个项目管理期间相互重叠，尤其是监控过程组，渗透在项目管理全过程，将与各过程组发生作用。

如果将会展项目管理划分为各项工作任务，各个过程组将在会展项目管理的每个阶段内相互作用。例如，要结束展览现场的展台设计任务，就需要客户验收展台设计文件；设计文件一旦可用，就将为后续现场展台搭建阶段的规划和执行过程组提供活动描述。当会展项目被划分成各项工作任务时，应该合理采用过程组管理，这样才能有效推动会展项目以可控的方式完成过程目标。在多任务的会展项目上，各个过程组将在每一个阶段重复进行，直到符合阶段性的项目目标。

正因为会展项目管理全过程具有整合性特征，会展项目管理的各个阶段、各个过程组才要求恰当地配合与联系，以便彼此协调。在一个过程中采取的行动通常会对这一过程和其他相关过程产生影响。各个过程间的相互作用往往需要在会展项目目标、任务要求等之间进行权衡，而如何权衡，则根据会展项目和项目组织的不同而不同。成功的会展项目管理要求积极地管理各个过程间的相互作用，以实现项目目标。

第二节 会展项目管理过程的主要流程

启动过程组、规划过程组、执行过程组、监控过程组、收尾过程组是任何会展项目都必需的管理过程。这5大过程组有清晰的相互依赖关系，一般在每个项目上都按同样的顺序进行。在会展项目完成之前，往往需要反复实施各过程组及其所含过程。

一、启动过程组

启动过程组是指获得授权，正式开始项目或者是进入现有项目的一个新阶段的一组工作过程。在会展项目启动过程或项目新阶段的启动过程中，要定义会展项目的工作范围，要初步落实会展项目的财务资源，要识别那些对会展项目有影响作用的内外部干系人，还要选定会展项目经理。这些信息要进行相应的文件管理，通常是落实到会展项目章程和项目干系人登记册中。会展项目一旦获得批准，项目也就得到了正式授权，项目经理及其团队就可以启动项目工作。

启动过程组通常包括以下几个流程。

(1) 制定会展项目章程。这是定义会展项目的正式批准和开始。

(2) 识别会展项目干系人。这个流程是识别所有受到会展项目影响的人或组织，并在会展项目章程中记录干系人的利益、参与情况及其主要影响。

在启动过程，有必要让会展项目干系人参与到一系列的相关工作中，这样做能够提高干系人对会展项目的责任感和主人翁意识，能够使他们对会展项目的进展情况更为了解和理解，有条件共同去实现会展项目目标，也更容易对会展项目表示满意。因此，在启动过程，要注重对会展项目内部和会展项目控制范围以外的组织和个人的力量进行组合，尽量共同设计会展项目管理过程。在启动过程中，需要制定关于会展项目启动决策的文件，也要授权会展项目经理为开展项目活动来组织资源。

二、规划过程组

规划过程组是指定义会展项目的工作范围、定义会展项目目标，并且为实现会展项目目标而制定行动方案的一组工作过程。在规划过程，通常要制订用于指导会展项目实施的项目管理计划和项目文件。会展项目管理具有多维性，经常需要通过多次反馈做出进一步分析。会展项目管理过程中发生的重大变更可能会引发重新进行一个或多个规划过程，甚至影响某些启动过程。因此，会展项目规划和文档编制是反复进行的一个持续性过程，是一种“滚动式规划”。

规划过程组通常包括以下几个流程。

(1) 定义会展项目范围。这是为会展项目的工作范围进行界定，并给予详细描述。

(2) 制订会展项目管理计划。这是对会展项目管理的所有子计划进行定义、编制、整合和协调，做出详细安排和描述。比如制定会展项目成本管理、会展项目质量管理、会展项目沟通管理、会展项目风险管理、会展项目采购管理等子计划，并要对子计划进行整合和协调安排。

(3) 为会展项目规划人力资源配置。这是识别和记录会展项目管理所需要的职务角色、相应职责、所需技能等，要对会展项目管理过程中所需要的团队人员做出配备和安排。

(4) 为会展项目创建工作分解结构(WBS)。这是为了实现会展项目目标，满足项目干系人的需求，把会展项目管理过程中的工作任务分解成较小的、易于管理的组成部分。

(5) 为会展项目的管理活动排列顺序。这是要识别和记录会展项目管理活动间的逻辑关系，为它们安排活动顺序、持续时间、资源需求和进度约束等。

三、执行过程组

执行过程组是指围绕会展项目目标，去完成会展项目管理计划所确定的工作任务的一组过程。在执行过程中，可能会出现一些问题和状况，会引发会展项目管理计划的变更，可能会需要重新确立会展项目执行基准等，比如变更预期的会展项目活动持续时间，变更会展项目资源的配置以应对新出现的风险等。

执行过程组通常包括以下几个流程。

(1) 指导与管理会展项目的任务执行。为了实现会展项目目标，要执行会展项目管理计划中所确定的各项工作任务，对执行做出指导和管理。

(2) 对会展项目执行过程实施质量保证。在会展项目任务执行过程中，通常采用合理的质量标准来确保执行的质量，并审计质量结果。

四、监控过程组

监控过程组是指跟踪、审查和调整会展项目的进展和绩效，从中发现会展项目管理过程中与会展项目管理计划有变化的部分，并启动相应的变更管理的一组工作过程。监控过程，不仅监控一个过程组内的工作，还要监控整个会展项目的工作进展。监控过程组的关键作用是持续并有规律地观察和测量会展项目进展的绩效，从中识别出与会展项目管理原计划之间的偏差。

监控过程组的核心作用主要体现在管理和控制变更上。监控过程中，管理人员要对正在进行的会展项目活动进行监督，要对可能出现的问题给出预防措施，要确保只有经批准的变更才能付诸执行，还要确保持续性地进行预防、监督、协调和纠偏。

监控过程组通常包括以下几个流程。

(1) 监控会展项目的工作进展。这个步骤主要是跟踪、审查和调整会展项目的进展，查看是否已经实现了会展项目管理计划中所确定的目标。

(2) 管理和控制会展项目的任务变更。这个步骤主要是要审查所发生的工作任务变更请求，确定是否批准变更，并给出相应的变更管理。

(3) 总结会展项目的进展绩效。这个步骤主要是收集并发布会展项目进展的绩效信息，包括状态报告、进展测量结果和预测情况等。

五、收尾过程组

收尾过程组是指为了结束会展项目管理过程组的所有活动而实施的一系列相关工作的过程。进入收尾过程就表明为完成某一个会展项目或某一个项目阶段所需的所有过程组的所有过程都已经完成，要正式确认会展项目或项目阶段结束。

收尾过程组通常包括以下几个流程。

(1) 结束会展项目或结束项目的某一个阶段。这个步骤就是完结会展项目管理过程组的所有活动，是正式结束会展项目或项目阶段的环节。

(2) 进行会展项目验收和评价。在这个步骤中，需要会展项目客户或会展项目发起人验收会展项目，并对会展项目或项目阶段进行结束性评价；组织人员要总结、记录会展项目管理过程中的经验教训，要将所有相关文件进行归档，形成会展项目的管理信息系统，形成项目的历史档案。

第三节 会展项目管理过程的整合管理内容

在会展项目管理过程中，各个管理过程组之间经常会反复发生联系，无论是哪个过程组都不可能脱离彼此之间的相互关联，因此，在会展项目管理过程中，需要进行整合管理，这种整合管理兼具统一、合并、连接和一体化的性质。对会展项目进行整合管理，要识别、定义、组合、统一与协调项目管理过程组的各过程及其活动。通常，会展项目整合管理的主要思想和行动包含在会展项目章程、会展项目管理计划、会展项目执行、会展项目监控、会展项目变更控制等环节中。

一、制定会展项目章程

会展项目章程是基于整合管理思想，制定的一份正式批准会展项目或项目阶段的文件。在会展项目章程中，需要记录初步反映会展项目干系人的需要和期望。会展项目章程的制定完毕就意味着会展项目的正式启动。在制定会展项目章程时就要任命项目经理。项目经理通常需要参与到会展项目章程的制定中，因为会展项目章程要授权项目经理在会展项目活动中组织资源。

通过编制会展项目章程，能把会展项目与组织的战略以及日常的运营工作联系起来。

会展项目章程的主要内容通常包括会展项目目的或批准会展项目的原因、会展项目目标和相关的成功标准、会展项目的总体要求、概括性的会展项目描述、会展项目的主要风险、总体预算、项目经理及其职责和职权、会展项目发起人或其他批准会展项目章程的人员的姓名和职权等。

制定会展项目章程通常需要借助专家咨询和判断来处理各种技术和管理问题。专家可以是来自具有专业知识或专业培训经历的任何小组或个人，这些人员可以通过多种渠道获取，例如会展项目客户或发起人、会展专业与技术协会、行业协会等。

二、编制会展项目管理计划

编制会展项目管理计划是对定义、整合和协调所有子计划所必需的行动进行记录的过程。会展项目管理计划确定项目的执行、监控和收尾方式，其内容会因会展项目的复杂性和所在的行业领域而有所不同。编制会展项目管理计划需要整合一系列相关过程，会持续到项目收尾阶段，以不断地更新计划内容来获得渐进明细。

编制会展项目管理计划需要整合诸多规划过程的输出。任何子管理计划都是编制会展项目管理计划的重要依据和输入。通常，政府或行业标准、组织结构与文化、现有设施和固定资产、人力资源情况等，都是影响会展项目管理计划编制的重要因素。

编制会展项目管理计划所依据和涵盖的子计划包括会展项目范围管理计划、会展项目进度管理计划、会展项目成本管理计划、会展项目质量管理计划、会展项目人力资源计划、会展项目沟通管理计划、会展项目风险管理计划、会展项目采购管理计划等。编制会展项目管理计划时，通常会将范围、进度和成本基准合并为一个绩效测量基准，以此作为会展项目的整体基准，用来测量会展项目的整体绩效，整合管理的思想也体现于此。

三、管理会展项目执行

会展项目的执行通常需要执行已计划好的方法和标准，需要开展活动来实现会展项目要求，需要培训和管理会展项目团队成员，需要获取、管理和使用材料、工具、设备、设施等资源，需要创造会展项目的可交付成果，需要建立并管理会展项目团队内外的沟通渠道，需要管理风险并实施风险应对活动等。

在会展项目执行过程中，会展项目目标、会展项目管理计划、已批准的变更请求是指导和管理执行的重要依据。会展项目经理与会展项目管理团队要一起指导实施已计划好的会展项目活动，并需要管理会展项目内的各种技术协作和组织协作。

会展项目的执行管理需要获得会展项目的可交付成果和工作绩效信息。在会展项目执行的某一过程、某一阶段或项目完成时，必须产出可验证的会展项目成果或服务能力，这是会展项目执行管理的重要输出。除了可交付成果外，会展项目进度过程中的各种绩效情况，如会展项目可交付成果的状态、会展项目进度进展情况等，都是管理会展项目执行的重要依据。收集会展项目工作绩效信息的过程，也是从中发现问题、提出变更请求、修改会展项目政策或程序、调整会展项目成本或预算的机会，有利于及时提出预防措施，从协调与整合管理角度，对缺陷进行及时补救。

四、监控会展项目绩效

监控会展项目的工作绩效贯穿整个项目周期。这项管理工作是跟踪、审查和调整会展项目进展，以实现会展项目管理计划中所确定的绩效目标。会展项目监控工作主要包括收集、测量和发布绩效信息，分析测量结果和预测趋势，以便推动会展项目管理过程的改进。

会展项目的监控管理需要持续性监督，从而使会展项目管理团队能够及时洞察项目的状况，并识别出需要特别关注的方面。进行具体的监控管理时，需要把会展项目的实际工作绩效与原初管理计划进行比较，评估会展项目进展的工作绩效，从而决定是否需要采取纠正或预防措施。对会展项目问题进行纠正或预防时，需要重新规划会展项目管理计划，及时更新会展项目管理计划，并要持续跟踪纠正或预防的实施过程，以确保有效解决问题。

会展项目的监控管理过程中对变更请求进行审查与批准时，需要考虑会展项目整体的统一和协调时，需要通过对实际情况与会展项目管理计划的原初要求进行比较，从维护整体性角度来审核和决定会展项目工作的变更请求。变更请求通常包括纠正措施、预防措施和缺陷补救措施，这些措施的实施都要考虑会展项目整体的统一和整合。

五、控制会展项目变更

会展项目的变更控制需要遵循整体性原则，并且贯穿会展项目始终。通过否决或批准变更来实施会展项目变更控制，以确保只有经批准的变更才能纳入修改后的会展项目基准。

会展项目的任何干系人都可以提出变更请求，所有的变更请求都应该以书面形式记录，并纳入变更管理的信息系统。每一项记录在案的变更请求都必须由会展项目管理团队或外部组织加以批准或否决。在会展项目中，项目经理根据项目角色与职责文件的规定来批准某些种类的变更请求。有时也由会展项目的变更控制委员会负责批准或否决变更请求。如果会展项目是按照合同来实施的，那么某些变更请求则要按照合同要求来进行管理控制。

会展项目的变更请求得到批准后，就需要对相关过程进行系列更新，通常需要编制新的成本估算、活动排序、进度日期、资源需求和风险应对方案等。这些变更往往需要调整会展项目管理计划以及其他必要的管理文件。变更控制的实施水平通常取决于会展项目所在的行业领域、会展项目的复杂程度、合同要求以及会展项目所处的背景与环境等，是一个多因素综合作用下的集成反映。

复习思考题

1. 会展项目管理过程的基本构成包括什么？
2. 会展项目管理过程的基本特征是什么？
3. 会展项目管理过程的整合管理内容包括哪些？

第三章
会展项目管理的运行环境和组织规划

学习目标

认识会展项目管理运行环境的内容和组成；理解会展项目管理的组织结构类型和特征。

基本概念

会展项目管理的运行环境；会展项目管理的组织结构。

第一节 会展项目管理的运行环境

会展项目管理是在比会展项目本身更大的环境中进行的，理解这个大环境，有助于确保会展项目的执行。会展项目管理的运行环境，是指在会展项目管理过程中，对会展项目产生影响、限制或指令作用的各种因素和条件。这些因素或条件可能来自会展项目内部，也可能来自会展项目外部。环境因素或条件可能会提高或限制会展项目管理的灵活性，并可能对会展项目结果产生积极或消极的影响。从性质或类型上讲，环境因素或条件是多种多样的。有效开展会展项目管理，就必须考虑到这些因素和条件的存在。

一般而言，会展项目管理的运行环境，可以从两个方面来认识：一是来源于会展项目外部(往往是项目组织机构外部)的环境；二是来源于会展项目内部(往往是项目组织机构内部)的环境。

一、会展项目管理的外部运行环境

会展项目外部的环境因素或条件通常包括以下几项。

1. 市场环境方面的影响因素

市场环境方面的影响因素主要包括同行业竞争情况、同行业市场份额的可流转度、品牌认知度等。启动一个会展项目时，可能在行业市场上已经存在同类项目的竞争对手，或者是存在潜在的竞争对手，一旦项目执行成功获得了市场利润，竞争性市场结构就会出现，这对于一个会展项目而言，是重要的外部影响因素。启动一个会展项目后，同行业市场份额能够有多少可以流转到项目上来，这是决定会展项目能否成功运行的关键。另外，一个会展项目的品牌认知度也是项目启动后是否能够快速占领市场份额、成功运行的重要因素。

2. 社会、文化方面的影响因素与问题

一个国家或地区的社会环境必定对会展项目的运营起到重要的影响作用。一个国家如果正在发生战争，社会环境不安全，会展项目就不会运营成功，因为不能保证人身安全时，前来参加会展活动进行面对面交流或交易就不可能发生；一个地区如果正在流行传染性疾病，人与人之间的接触和交往会造成人传人的疾病传播，势必对整个地区、整个国家乃至整个世界带来危害，在这种情况下，会展项目不可能启动和运作。例如，2020年初新型冠状病毒肺炎的全球爆发，造成了全球各类大中小型会展活动全部延期或取消。其他诸如观念、行为规范、宗教等地域文化方面的差异或问题，也会对会展项目的运作产生影响；所展示、交易的产品或内容，会议交流的主题或内容，因地域文化差异可能发生一些冲突和矛盾，这些问题如果没有被及时预见或及时解决，也会对会展项目的举办产生不利影响。

3. 法律环境方面的限制因素

会展项目的运作需要组织者熟悉和掌握项目落地实施地区的相关法律法规。会展项目涉及很多相关利益方，有着复杂的项目运作网络，双方或多方合作中会因各种合作关系而产生多种合同的签订，比如与安全、数据保护、用工和采购有关的合作，这些合同都要符合国家与地方的法律规定。会展项目一旦在法律环节出现问题或漏洞，会对运作产生很多不利的影响，甚至会直接导致会展项目的失败。

4. 政府或行业标准方面的限制因素

会展项目涉及的产品或服务往往需要遵守国家和地方对产品、环境、质量和工艺有关的监管机构条例和标准，一些进出口商品还要符合进出口国家的相关标准。在我国举办的这些进出口展览会，尤其是出口类采购展览会，因欧美国家的行业标准通常高于我国标准，会展项目的管理要特别关注这些国家的行业标准，保证所提供的产品符合行业要求，否则会对实现项目最终目标造成不利影响。

5. 财务方面的影响因素

专业性的展览项目要进行商务交易、国际性的专业会议活动要缴纳参会费用，这都会涉及货币汇率、利率、通货膨胀率、关税等，这些是影响贸易活动的财务因素。另外，参加国际性会展活动的人员在项目举办地入驻酒店、生活消费时也会受到货币汇率等因素的影响。会展项目的管理一定要把这些财务因素的影响效应纳入项目管理的过程中，预见到这些因素的影响作用。

6. 物理环境方面的影响因素

会展项目举办时，会有大量的人、物在短时间内集聚到会展场馆，如果遇到强风、雾霾、暴雨、暴雪等恶劣天气，将对会展项目的成功运作产生不利影响，与会者的参会体验会大打折扣。会展场馆的地理位置及场馆本身的物理环境条件，也会对会展活动的交通可达性、现场体验感产生直接影响，场馆内部的商务设施、餐饮支持设施等是否齐备和便利也影响着与会者的参会体验，而这又都关联着会展项目本身的成功与否。因此，会展项目的管理要对项目现场举办的国家、地区及城乡内部的地理位置和天气情况做到充分关注，尽量利用场馆本身有利的物理条件促成项目成功，尽可能避免自然物理环境的不利影响。

二、会展项目管理的内部运行环境

会展项目内部的环境影响因素通常包括以下几项。

1. 会展项目管理的内部组织文化因素

会展项目管理者的价值观、信念会影响会展项目管理的整体风气，影响到项目管理整体的价值导向，影响到项目执行过程中所有工作步骤和环节的实施水平；会展项目管理者的项目理念会影响项目管理标准和制度的水平，影响到项目达成目标的质量高下；会展项目管理团队的等级制度和职权关系是否合理，也会影响到项目实施的过程管理绩效。这些都是影响会展项目管理的内部组织文化因素。

2. 会展项目管理的设施和资源的地理分布

会展项目运行过程中需要用到的共享资源、设施所处的位置决定着项目运行效率和效益，尤其是当今时代会展项目越来越需要云计算设施、虚拟平台及资源的支持和促进。因此，除了会展项目所承纳的物理设施和资源外，通信渠道、信息技术硬件的可用性和功能、虚拟资源和平台的可得性、可利用性，是影响会展项目管理效率和效益的重要内部因素。

3. 会展项目管理的信息技术软件

会展项目管理过程中需要用到现代管理技术，先进的信息技术软件是支撑现代管理理念和制度的重要手段。例如，会展项目进度计划、进入其他在线系统的网络界面和工作授权系统等，都需要有先进的软件工具予以支持和维护，项目管理内部可以获得这些软件技术就有助于促进项目进展和目标达成。

4. 会展项目管理的合作伙伴关系

会展项目的合同和采购制约因素，经批准的供应商、搭建商等以及合作协议的可用性、可靠性，这些合作伙伴关系是影响会展项目内部运行效率的重要因素。

5. 会展项目管理团队的员工能力

会展项目管理团队的员工现有的专业知识、技能、胜任力以及特定知识，也是影响会展项目管理水平的重要内部因素。

第二节 会展项目管理的组织规划

组织是一切管理活动取得成功的基础。组织是通过开展工作来实现各种目标。很多组织所开展的工作都可分为项目和运营两大类。运营需要为项目所处的运行环境提供支持，运营部门与项目团队之间会发生大量互动，以便为实现项目目标而协同工作。会展项目团队通常要与多个运营部门加强合作，共同研究怎样安排会展项目的顺利实施。因此，容纳着运营部门的组织对会展项目管理具有重要的影响。本节主要介绍对会展项目管理产生影响的组织特征和结构。

一、会展项目组织的一般形式

组织结构是一种事业环境因素，它影响资源的可用性，并影响会展项目的管理模式。会展项目管理的组织结构通常包括职能型项目组织形式、线性项目组织形式和矩阵型项目组织形式。不同的项目组织形式将对会展项目的实施产生不同的影响。

1. 职能型项目组织形式

职能型项目组织形式是在实施会展项目的组织内部建立一个由各运营职能部门相互协调的项目组织，以完成项目目标。当采用职能组织形式进行会展项目管理时，会展项目的管理班子并不做明确的组织界定，有关项目的事务是在职能部门负责人这一层次上进行协调，其形式如图3-1所示。

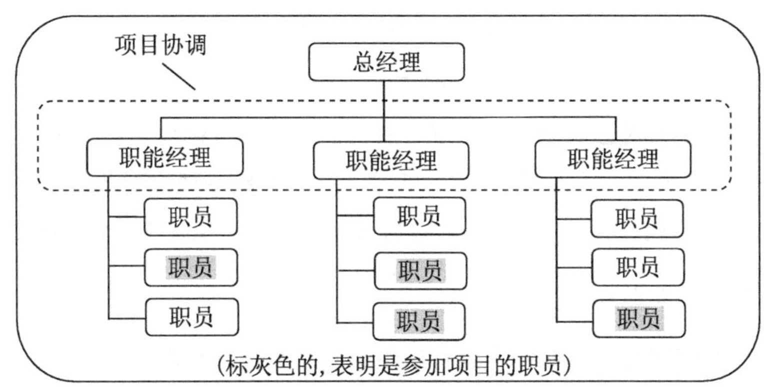

图3-1　职能型项目组织形式

很多企业或公司采取职能型组织形式，按照各种管理职能设立了运营、营销、财务、人事和研发等若干职能部门。当公司运作项目时，需要各个职能部门共同配合，共同完成。项目管理实施班子的各职能部门均承担项目的部分工作，而涉及职能部门之间的项目事务和问题由各个部门负责人处理和解决，在职能部门经理层进行协调。

这种会展项目组织形式是将会展项目分解，置于各职能部门，而后由职能部门负责人来处理需要协调的问题，是在原有职能组织形式中进行项目的组织和实施，不利于会展项目目标的控制。

2. 线性项目组织形式

线性项目组织形式又称项目化组织形式。线性项目组织形式与职能型组织形式完全相反，其系统中的部门全部是按项目进行设置的，每一项目部门均有项目经理，负责整个项目的实施。系统中的成员也是以项目进行分配与组合，接受项目经理的领导，如图3-2所示。

以项目设定组织结构，项目可以直接获得系统中大部分的组织资源，项目经理具有较强的独立性，对项目组织形式的绝对权力，并对项目的总体负全责。在项目的线性组织形式中也常设置若干部门，但是这些部门一般直接向项目经理报告工作或为不同的项目提供支持服务。

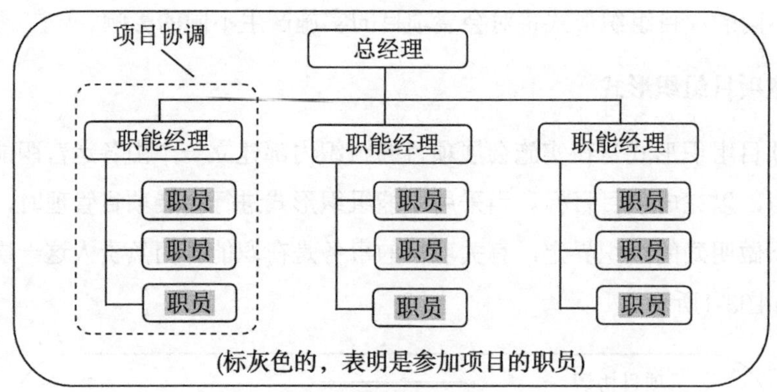

图3-2 线性项目组织形式

线性项目组织形式对会展项目实施统一的目标规划与目标控制，有利于会展项目目标的实现。但是，在系统中，各部门之间的横向联系少，系统内建立专业化、标准化和通用化比较困难。由于事关项目的所有工作都由本项目管理和负责，项目经理的责任比较重大。

3. 矩阵型项目组织形式

矩阵型项目组织形式是由职能型项目组织形式和线性项目组织形式混合而成的一种项目组织形式。按照两种组织形式的占有份额，项目的矩阵型组织形式又分为弱矩阵型、中矩阵型和强矩阵型三种。

(1) 弱矩阵型项目组织形式(见图3-3)基本保留了职能型项目组织形式的大部分特征，但在组织系统中为更好地实施项目，建立了相应明确的项目管理班子。这个会展项目班子由各职能部门属下的职能人员或职能组所组成，这样就具备了对项目总体负责的项目管理班子。对会展项目管理而言，弱矩阵式优于职能型项目组织形式，但由于项目化特征较弱，当项目涉及各职能部门且产生矛盾时，因为没有拥有一定权力的项目经理，来自各职能部门的项目人员很可能从自己本部门的利益视角来处理问题。职能部门的负责人也必然会按本部门的利益对本部门参加项目的项目人员施加影响力，而项目人员的唯一直接领导仍是各自职能部门的负责人，所以弱矩阵式的项目协调还是有其不足之处。

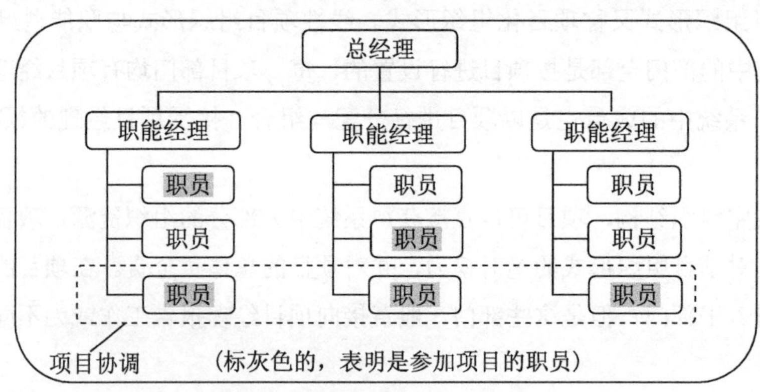

图3-3 弱矩阵型项目组织形式

(2) 中矩阵型项目组织形式(见图3-4)是对弱矩阵型的改进，为强化对项目的管理，在会展项目管理班子内，从职能部门参与本项目活动的成员中任命一名项目经理。项目经理被赋予一定的权力，对项目总体和项目目标负责。与弱矩阵型项目组织形式相比，中矩阵型项目组织形式对项目管理较为有利，项目经理以调动和指挥相关职能部门的资源来实现项目，在项目上有相应的权力。但中矩阵型项目组织形式中的项目经理是某一职能部门的下属成员，他要接受本职能部门经理的直接领导，必然会受本职能部门利益的影响。同时，项目经理又是其他职能部门经理的间接下级，项目经理的权力和工作也必然受到限制和影响，项目协调也有可能不能完全顺利地进行。

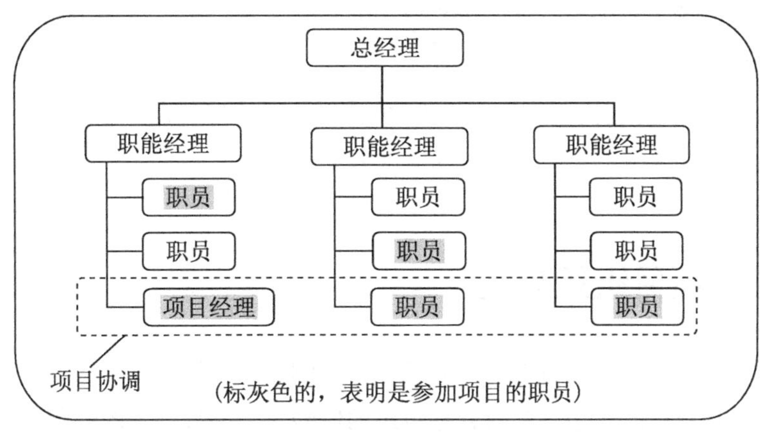

图3-4　中矩阵型项目组织形式

(3) 强矩阵型项目组织形式(见图3-5)具有线性项目组织形式的主要特征。强矩阵型项目组织形式在系统原有的职能组织形式基础上由系统的最高领导任命对项目全权负责的项目经理，项目经理直接向最高领导负责，或者在系统中增设与职能部门同一层次的项目管理部门，直接接受系统最高领导的指令。项目管理部门再按不同的项目，委任相应项目的项目经理。在强矩阵型项目组织形式中，项目经理是被任命专门完成一项集成型任务的负责人，他被赋予一定的权力，通过一个专门组织起来的机构(即项目管理班子)有效地完成他所负责的项目。由于传统的职能部门只注重本部门的责任，对整个项目的总体或项目目标关心不够，上层管理人员对管理的各个具体方面也不可能都了解得非常仔细，不可能都直接参与进去。因此，为了较好地实施项目，有必要设置一名被赋予调动和指挥权力的经理，他能超越各个职能部门的界限，集中精力地为实现项目目标而工作。强矩阵型组织形式中的项目经理正是被赋予这样的权力，他有权联合各个职能部门的力量，协调各部门之间的关系，有效地支配和控制系统的资源，去实施一个项目，以达到项目的整体目标。所以，强矩阵型项目组织形式对大型复杂的会展项目较为有利，一方面，它有对项目总体负责且具相当权力的项目经理；另一方面，项目管理班子实际上又是加在传统职能部门之上的一个管理机构，其目的是依靠整个系统的力量去完成项目规划中规定的任务。特大型的会展项目往往采用这种项目管理组织形式。

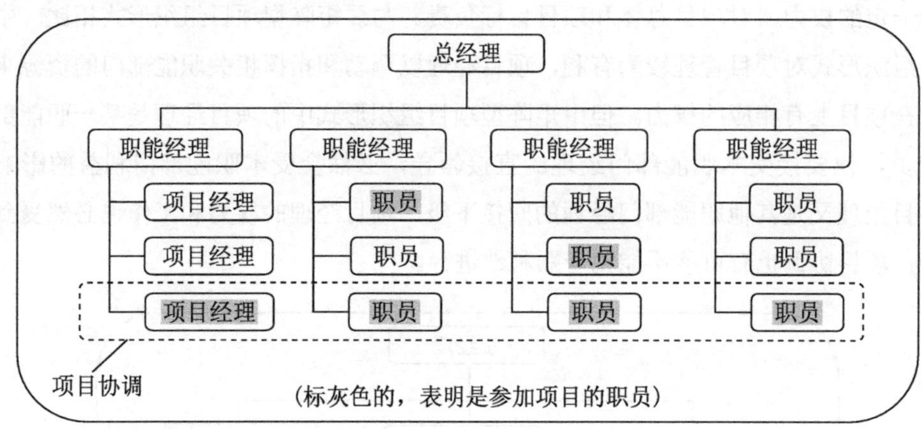

图3-5 强矩阵型项目组织形式

二、会展项目组织规划

每一种组织结构都有其自身的优点和缺点，影响会展项目组织形式选择的基本因素主要有项目规模、项目历时长短、项目管理组织的经验、上层管理者的经营理念和洞察力、项目配置、有效资源、项目的独特部分等。

1. 会展项目组织规划总则

会展项目组织规划要根据项目工作进行结构分解，确定组织结构形式，选择合适的人员，并进行责任和任务的分派。在会展项目规划阶段，通过对会展项目的定义(项目目标规划和项目工作分解结构)，确定由哪些人员组成什么样的部门来实施项目。根据会展项目的目标，将工作分解结构中的工作进行分类，就可以得到初步的组织结构。具体地说，组织规划是根据会展项目的目标和任务，确定相应的组织结构，以及如何划分和确定这些部门，这些部门又如何有机地相互联系和相互协调，共同为实现项目目标相互协作。组织规划应该明确谁该去做什么，谁要对何种结果负责，并且在各部门及个人之间有明确的任务分工和管理职能分工，以消除由于分工含糊不清造成的执行障碍。此外，会展项目组织规划还要提供反映和支持项目目标的控制、决策和信息沟通网络。

综上所述，会展项目在组织规划时考虑的原则包括以下几项：①在会展项目涉及的所有部门之间建立一个契约；②在工作分解结构上的所有层次上赋予角色和责任；③采用一个简明的报告结构。

2. 会展项目组织的规划层次

会展项目组织人员要从三个层次进行组织规划。

第一，从会展项目环境的层次来规划。首先要列出会展项目参与各方之间的关系，包括投资方、合资方、赞助商、咨询单位、设计单位、合作方等。会展项目管理的成功必须依赖各方的协调合作，因此，会展项目组织问题不应局限于项目管理组织本身的工作，而应立足于会展项目环境。

项目经理不仅是组织项目班子的人员，还应组织起各项目参与者共同为实现项目目标而工作。这又可以从三个层次去分析：①项目决策层(项目建设的最高层次)。项目决策层包括项目发起人、投资人、合资人和其他政府方面的主管部门等。决策层主要负责确定和批准项目的总体计划、落实项目需要的资源、检查项目的进展，并做出重要决策。②项目管理层(最为关键的一个组织层次)。项目管理层起着承上启下的作用，是项目建设的枢纽和核心。它主要进行目标的规划，并根据项目决策层批准的目标在项目进展中进行目标的控制，以保证项目目标的实现，其核心任务是质量控制、进度控制和投资控制。如果大部分任务委托外来的组织实施，项目管理层的工作则偏重于组织协调，对项目实施层的行为进行目标控制。③项目实施层。项目实施层是承担实现项目目标所需要的具体工作和任务的组织层次，如设计单位、承包商、供货商等。项目实施中的工作可由企业组织内部的部门和人员完成，也可以委托外部组织来完成。有一些与项目利益相关者的关系是项目经理所不能改变的，如贷款协议、合资协议、政府批文等，这些关系对项目的资源起着制约作用，同时项目规划中的关键部分、重大问题的决策也必须有这些利益相关方的共同参与。对于设计单位、咨询单位等委托项目实施单位，项目经理必须有能力对它们进行控制和协调，进行界面管理。此时，合同是确定双方关系和行为的依据，合同的结构形式对项目经理的组织和协调来说十分关键，合同的规划工作要为组织设计服务，以保证控制和协调的有效性。一些不具有合同关系的组织也存在指令关系，因此项目组织的设计应将所有项目参与方纳入项目管理的范畴，明确各方在项目中的任务、责任、各方的组织关系和工作的流程等。

第二，从会展项目管理组织的层次来规划。会展项目管理的组织并不是一个固定的班子，有些成员只是承担项目的部分工作，会展项目管理团队也不可能存在于企业之外，项目经理的协调任务更为多重。从会展项目管理组织的层次来分析，对于成功的项目管理来说：①项目经理在企业组织中的地位和被授予的权力如何，对项目管理组织起着关键作用。②项目经理和其他控制项目资源的职能经理之间良好的工作关系，对项目管理组织起着重要作用。③一些职能部门的人员在项目进展过程中需要协调好项目工作与部门工作之间的关系。这三方面对于企业内部的项目组织设计很重要，会展项目组织设计中必须在目标控制和“项目经理—职能经理”的界面之间找到平衡。

第三，从会展项目实施组织的层次来规划。项目经理要通过项目实施层成员的共同努力来实现项目的目标，会展项目实施组织的设计主要立足于项目的目标和项目实施的特点，同时要有利于项目管理组织对其的控制和协调。会展项目实施层组织设计的依据是项目管理组织的控制系统。

3. 会展项目组织设计的内容

组织是由人员、职位、职责、关系、信息等组织结构要素构成的，由各个成员的职位或是各个工作部门作为节点连接成的一个系统或结构网。人员和职位是其基本要素，是构成组织的硬件；职责、关系、信息是构成组织的软件。组织结构是组织内部要素相互作用的联系方式或形式，是组织内的构成部分所规定的关系的形式。简单地说，组织结构就是系统内的组成部分及其相互之间关系的框架。

(1) 组织结构的设计。

组织结构的设计主要从三个方面考虑。一是工作部门的设置。工作部门应根据组织目标和组织任务合理设置，同时需确定这个部门的职权和职责，做到责任与权力相一致。设置工作部门的形式有专业化和部门化两种。二是工作部门的等级。在一个组织中，分权和集权是相对的，采取何种形式应根据组织的目标、领导的能力和精力、下属的工作能力、工作经验等综合考虑。三是管理层次和管理幅度。一般组织的管理层次分为决策层、管理层和执行层等。管理幅度也称管理跨度，管理幅度的大小与需要协调的工作量有关。管理层次和管理幅度取决于特定系统环境下的许多因素，例如，管理人员的工作能力、性格、个人精力；授权程度；工作的复杂性；信息传递速度的要求；下级的工作能力；工作地点的远近等。

(2) 组织结构形式。

组织结构形式通常取决于生产力水平和技术水平。组织结构形式还与组织规模有关，组织规模越大，专业化程度就越高，分权程度也就越高。此外，组织所采取的战略不同，所处的组织环境不同，其组织结构形式也有所不同。一个系统采用何种项目的组织形式需根据会展项目的具体情况、项目的环境条件、系统原有的组织结构，尤其是应根据项目的目标来做出决策。表3-1列出了不同的会展项目组织形式对会展项目所产生的影响。

表3-1　项目组织形式对项目的影响

项目特征	职能型项目组织形式	矩阵型项目组织形式			线性项目组织形式
		弱	中	强	
项目经理的权力	无或几乎无	受限制	小至中等	中等至大	大至几乎全部
全职参与项目活动成员的比例/%	无	0～25	15～60	50～95	85～100
项目经理的角色	兼职	兼职	全职	全职	全职
项目负责人的实际称谓	项目协调者 项目负责人	项目协调者 项目负责人	项目经理 项目主管	项目经理 计划经理	项目经理 项目经理
参与项目活动成员的角色	兼职	兼职	兼职	全职	全职

复习思考题

1. 会展项目管理的运行环境有哪些重要的影响因素？
2. 会展项目组织的形式有哪些？
3. 会展项目组织设计的内容是什么？

第四章
会展项目范围管理

学习目标

理解并掌握会展项目范围管理的过程；重点掌握会展项目范围、会展项目结构分解和会展项目范围确认等内容。

基本概念

会展项目范围；会展项目范围管理；会展项目结构分解。

会展项目范围是指为了成功达到会展项目目标所要求完成的全部工作，这是会展项目实施者必须要弄清楚的一个关键性问题。会展项目范围清楚了，会展项目的具体工作内容才能明确，从而为会展项目实施所需费用、时间、资源的计划与控制提供依据。

管理会展项目范围主要在于定义和控制哪些工作应包括在项目内，哪些不应包括在项目内。会展项目范围管理的主要过程和活动包括定义会展项目范围、确认会展项目范围、控制会展项目范围等。这些过程不仅彼此相互作用，还与其他知识领域中的过程相互作用。基于会展项目的具体需要，每个过程都可能需要一人或多人的努力；每个过程在每个会展项目中至少进行一次，并可在会展项目的一个或多个阶段中进行；各个过程在实践中可能会相互交叠、相互作用。会展项目范围管理的各个过程需要与其他知识领域中的过程整合起来，以确保项目工作能实现规定的产品范围。

第一节　会展项目范围管理概述

一、会展项目范围的含义

会展项目范围就是为项目界定一个界限，划定哪些方面是会展项目应该做的，哪些是不应该包括在会展项目之内的，定义会展项目管理的工作边界，确定会展项目主要的可交付成果。

在项目管理中，“范围”一词有两方面含义：一是指产品或服务范围，即一个产品或一项服务或成果所具有的特性和功能；二是指项目范围，即为了交付具有所指特征和功能的产品和服务所必须要做的工作。简单地说，就是项目做什么，如何做，才能交付。

确定了会展项目范围也就定义了会展项目的工作边界，明确了会展项目的目标和主要的项目可交付成果。会展项目的可交付成果往往又被划分为较小的、更易管理的不同组成部分。

二、会展项目范围管理的作用

确定会展项目范围对项目管理来说具有十分重要的作用，主要表现为以下几点。

(1) 为会展项目实施提供了工作范围的框架。确定会展项目范围就是为会展项目提供工作范围的边界和框架，从而可以规范项目组织的行动，可以减少不必要的工作。

(2) 提高费用、时间和资源估算的准确性。会展项目的工作边界定义清楚了，会展项目的具体工作内容明确了，这就为会展项目所需的费用、时间、资源的估计打下了基础。

(3) 确定进度测量和控制的基准。会展项目范围是会展项目计划的基础，会展项目范围确定了，就为会展项目进度计划和控制确定了基准。

(4) 有助于清楚地分派责任。会展项目范围确定了，也就确定了会展项目的具体工作任务，为进一步分派任务打下了基础。

三、会展项目范围管理的过程

会展项目范围管理是对会展项目所要完成的工作范围进行管理和控制的过程和活动，包括确保会展项目能够按要求的范围完成所涉及的所有过程，包括编制会展项目范围计划、界定会展项目范围、由会展项目干系人确认项目范围、对会展项目范围变更进行控制。这些也是会展项目范围管理的工作过程，如图4-1所示。

会展项目范围管理主要是通过以下几个步骤实现的：①把客户的需求转变为对会展项目产品或服务的定义；②根据会展项目目标与产品分解结构，把会展项目产品或服务的定义转化为对会展项目工作范围的说明；③通过工作分解结构，定义会展项目工作范围；④会展项目关系人认可并接受会展项目范围；⑤授权与执行会展项目工作，并对会展项目进展进行控制。

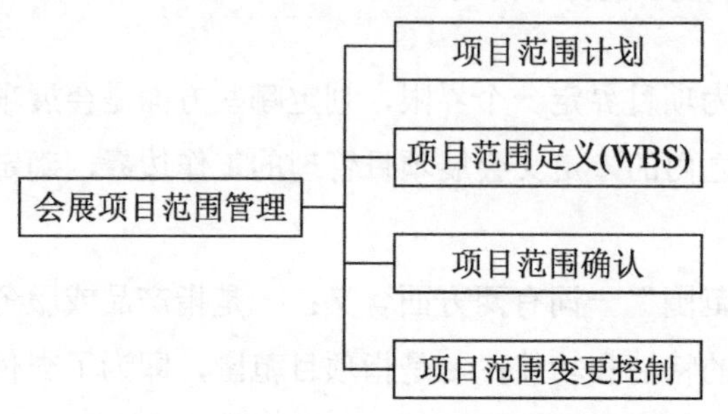

图4-1　会展项目范围管理的工作过程

管理会展项目范围所需的各个过程及其工具与技术，会因会展项目的行业领域而有不同，通常会作为会展项目生命周期的一部分加以确定。经批准的详细项目范围说明书以及相应的工作分解结构及其内容，构成会展项目的范围基准。在会展项目的整个生命周期中，要对这个基准范围进行监督、核实和控制。

第二节　会展项目范围计划

在进行会展项目范围管理的各个过程之前，会展项目管理团队需要先进行规划工作。该规划工作是制订会展项目管理计划过程的一部分，会产生一份范围管理计划，用来指导会展项目范围的定义、记录、确认、管理和控制。基于会展项目的需要，范围管理计划可以是正式的，也可以是非正式的；可以是详细的，也可以是高度概括的。

会展项目范围计划的编制是以会展项目的实施动机为基础，通过识别和确定会展项目目标和主要的可交付成果，明确会展项目的具体实施方案，界定会展项目的工作范围，同时拟定会展项目里程碑标志，以度量会展项目或会展项目阶段是否成功完成。实际上，这个范围规划的过程就是确定会展项目范围并编写会展项目范围说明书的过程。

一、会展项目范围说明书的内容

在实际的会展项目实施中，不管是对于项目还是子项目，会展项目管理人员都要编写其各自的项目范围说明书。会展项目范围说明书表明会展项目干系人之间就会展项目范围所达成的共识。为了便于管理干系人的期望，会展项目范围说明书可明确指出哪些工作不属于本项目范围。会展项目范围说明书使会展项目团队能开展更详细的规划，并可在执行过程中指导会展项目团队的工作；它还为评价变更请求或额外工作是否超出会展项目边界提供基准。一般而言，会展项目的范围说明书主要包括以下内容。

1. 会展项目的合理性说明

会展项目范围说明书要解释为什么要实施这个项目，也就是实施这个项目的目的是什么。会展项目的合理性说明为将来提供了评估各种利弊关系的基础。

2. 会展项目目标

会展项目目标是所要达到的项目的期望产品或服务，确定了项目目标，也就确定了成功实现项目所必须满足的某些数量标准。会展项目目标至少应该包括费用、时间进度和技术性能或质量标准。

3. 会展项目可交付成果清单

会展项目可交付成果通常既要包括组成会展项目成果的各种结果，也要包括各种辅助成果，如会展项目管理报告和文件。对可交付成果的描述可详可简。如果列入会展项目可交付成果清单的事项被完满实现，并交付给使用者——项目的中间用户或最终用户，就标志着项目阶段或项目的完成。

4. 会展项目产品

产品说明应该能阐明会展项目工作完成后，所生产出的产品或服务的特征。

5. 会展项目的除外责任

会展项目范围说明书通常需要识别出什么是被排除在会展项目之外的。明确说明哪些内容不属于会展项目范围，有助于实现管理干系人的期望。

6. 会展项目制约因素

在定义会展项目范围过程中，要列出并说明与会展项目范围有关，且限制会展项目团队选择的具体项目制约因素，如客户或执行组织事先确定的预算、强制性日期或强制性进度里程碑。如果会展项目是根据合同实施的，合同条款通常也是制约因素。有关制约因素的信息可以列入会展项目范围说明书，也可以独立成册。

7. 会展项目假设条件

在定义会展项目范围过程中，要列出并说明与会展项目范围有关的具体项目假设条件，以及万一不成立而可能造成的后果。在会展项目规划过程中，会展项目团队应该经常识别、记录并验证假设条件。有关假设条件的信息可以列入会展项目范围说明书，也可以独立成册。

二、编制会展项目范围计划的方法

1. 成果分析法

为了对会展项目主要的可交付成果有一个更好的理解，从会展项目主要的可交付成果需要具有的功能和特性着手分析，逆向推导出会展项目的工作范围的方法，称为成果分析法。会展项目组织要对项目客户的需求有准确的识别，并对会展项目的成果有着共同的理解，才能清晰地确定会展项目范围。对会展项目可交付成果进行分析时，要注意从多方面、多角度和宽口径出发，综合运用不同的分析方法。

2. 成本效益分析法

对于会展项目实施过程中的特定问题，可能有不同的备选方案，会展项目组织在众多的备选方案中进行选择时，需要衡量每种方案的优缺点，其中最重要的标准是这些不同备选方案带来的经济效益，全面分析比较所有方案的有形或无形的成本和收益。成本效益分析就是估算各种项目和产品或服务方案的有形成本和无形成本(支出)与利润(收益)，然后用财务的测量尺度，如投资收益率或投资回收期等方法，来评估这些经确认的方案的相对优势，从中选出经济效益最佳的一个方案，最后根据此方案的要求制订会展项目范围计划。这种方法便于比较开展相关项目的公司财务情况和实现该项目所需的成本。很明显，理想的备选方案应该是会展项目的收益大于其实现成本或者产出项目的成本的方案。

第三节 会展项目范围管理的范围定义

一、范围定义的前提——收集需求

掌握和管理会展项目需求，对促进会展项目成功有重要作用，也是合理定义会展项目范围的前提，是创建工作分解结构的基础。需求是指会展项目发起人、客户和其他项目干系人的已量化且记录下来的需要与期望。会展项目一旦开始，就应该足够详细地明确、分析和记录这些需求，以便日后进行测量。

需求研究始于对会展项目章程和会展项目干系人登记册中相关信息的分析。会展项目需求通常包括商业需求、会展项目管理需求、交付需求等。一般可以从会展项目章程中了解总体项目需求，并据此制定详细的需求管理方案；也可以从会展项目干系人登记册中识别能提供详细的项目需求信息的干系人。

收集需求的主要方法有以下几种。

(1) 访谈，是指通过与会展项目干系人直接交谈，来获得信息的正式或非正式方法。

(2) 焦点小组会议，是指把预先选定的会展项目干系人和主题专家集中在一起，了解他们对所提议产品、服务或成果的期望和态度的方法。焦点小组会议通常由一位受过训练的主持人引导大家进行互动式讨论。

(3) 引导式研讨会，是指通过邀请主要的跨职能干系人一起参加会议，对项目需求进行集中讨论与定义的方法。这种方法由于具有群体互动的特点，有条件建立起信任、促进关系、改善沟通，从而有利于参加者达成一致意见，能够更快地发现和解决问题。

(4) 德尔菲技术，是指由一组选定的专家回答问卷，并对每一轮需求收集的结果给出反馈的方法。通常，专家的答复只能匿名交给主持人。专家判断由来自具有专门知识或经过专门培训的任何小组或个人来完成。专家判断可以从许多渠道获得，通常包括组织内的其他部门、顾问、包括客户和发起人在内的项目干系人、专业与技术协会、行业团体等。

(5) 群体决策技术，是指为了达成某种期望结果而对多个未来行动方案进行评估的方法。群体决策技术可用来开发项目需求，以及对项目需求进行归类和优先排序。达成群体决策的方法主要有以下几种：①一致同意方法，即每个人都同意某个行动方案；②大多数原则方法，即获得群体中50%以上的人的支持；③相对多数原则方法，即根据群体中相对多数者的意见做出决定，即便未能获得一部分人的支持；④独裁方法，即由某一个人来决策。

二、会展项目范围定义的技术——工作结构分解

1. 会展项目结构分解的基本含义

会展项目是由许多互相联系、互相影响、互相依赖的工作或活动组成的系统，它具有系统的层次性、集合性、相关性、整体性等特点。按系统工作程序，在具体的会展项目工作，如设计、计划和实施之前必须对这个系统作分析，确定它的构成及其在系统单元之间的内在联系。范围定义就是把项目的主要可交付成果划分为更小、更容易管理的单元——工作分解结构。

会展项目结构分解包括如下几方面的内容。

(1) 对会展项目的系统总目标和总任务进行全面研究，以划定整个项目的系统范围，包括会展项目范围和会展项目所包括的实施责任范围。

(2) 会展项目的结构分解。按系统分析方法将由总目标和总任务所定义的会展项目分解开来，得到不同层次的会展项目单元。会展项目结构分解可以按照一定的规则由粗到细，由总体到具体，由上而下地进行。它是会展项目系统分析的重要工作。

(3) 会展项目单元的定义。将会展项目目标和任务分解落实到具体的会展项目单元上，从各个方面(质量、技术要求、实施活动的责任人、费用限制、工期、前提条件等)对它们作详细的说明和定义。这个工作应与相应的技术设计、计划、组织安排等工作同步进行。

(4) 会展项目单元之间界面的分析，包括界限的划分与定义、逻辑关系的分析，实施顺序安排。将全部项目单元还原成一个有机的项目整体。这是进行网络分析、项目组织设计的基础工作。

会展项目结构分解是会展项目管理的基础工作，又是会展项目管理最得力的工具。实践证明，对于一个大的复杂的会展项目，没有科学的会展项目系统结构分析，或会展项目结构分析的结果得不到很好的利用，则不可能有高水平的项目管理，因为会展项目的设计、计划和控制不可能仅以整个笼统的项目为对象，而必须考虑各个部分、各个细节，考虑具体的项目活动。

2. 会展项目结构分解的作用和步骤

会展项目结构分解是将整个项目分解成互相独立、互相影响、互相联系的活动，在国外的项目管理中人们将这项工作的结果称为工作分解结构(Work Breakdown Structure，WBS)。在会展项目范围管理中，最为重要的关键环节就是创建工作分解结构。在创建过程中，要把会展项目可交付成果和会展项目工作分解成较小的、更易于管理的组成部分。通常，工作分解结构是以可交付成果为导向的工作层级分解，其分解的对象是会展项目团队为实现会展项目目标、提交所需可交付成果而实施的工作。工作分解结构每下降一个层次就意味着对会展项目工作更详尽的定义。工作分解结构组织并定义会展项目的总范围，代表着现行项目范围说明书所规定的工作。

1) 会展项目结构分解的作用

(1) 明确、准确地说明项目的范围。工作分解结构将一个项目分解成易于管理的几部分或几个细目，有助于确保找出完成工作范围所需的所有工作要素，所以这些细目的完成或产出构成了整个项目工作的范围。

(2) 为每项细目分配人员并明确其责任。清晰划分责任，自上而下将项目目标落实到具体的工作上，并将这些工作交给项目机构内或外的个人或组织去完成。

(3) 确定工作内容和工作顺序。

(4) 为计划、预算、进度安排和费用控制奠定共同基础，确定项目进度测量和控制的标准。

(5) 对各细目进行时间、费用和资源需要量的估算，对项目整体和全过程的费用进行估算。

2) 会展项目结构分解的步骤

(1) 识别会展项目的主要组成部分，包括会展项目的主要可交付成果，即将总项目分解成单个定义的且范围明确的子部分(子项目)。

(2) 判断每个可支付成果层次划分的详细程度。

(3) 在上述分层的基础上进行更细致的划分，将各组成部分分解为更小的组成部分，并说明所需取得的切实的、可验证的结果及完成它们的先后顺序。切实、可验证的结果既可以包括产品，也可以包括服务。

(4) 核实分解的正确性。首先，核查每一层次细目的必要性和充分性，即本层工作的完成需能够保证上层工作的完成；且如果不进行本层工作，则上层工作无法完成。若不具备这两个条件，就必须对上一层的细目进行修改，一一增加、删除或者重新定义。其次，核查每一层次各项的范围、内容和性质是否清晰完整，能否根据每项来恰当地编制进度和预算，是否能够将各项工作落实到具体的组织或个人。如果不能，需要做必要的修改，以便提供合适的管理控制。

会展项目分解完成之后所得到的成果就是工作分解结构。其中每一项工作，称为单元，都要编上号码，即以数字代码赋予其中每一项一个唯一的标志符，以便在会展项目规划和以后的各阶段中，为项目各基本单元的查找、变更、费用计算、质量要求、资源和时间安排等提供一个统一的编码系统。对于不同种类、性质、规模的会展项目，其结构分解的方法和思路有很大的差别，但分解过程却很相近，其基本思路是以会展项目目标体系为主导，以会展项目技术系统范围和项目的总任务为依据，由上而下，由粗到细地进行。

3. 会展项目结构分解图

会展项目结构分解图(WBS图)是将会展项目按照其内在结构或实施过程的顺序进行逐层分解而形成的结构示意图。它可以将会展项目分解到相对独立的，内容单一的，易于成本核算与检查的项目单元，并能把各项目单元在项目中的地位与构成直观地表示出来，如图4-2所示。

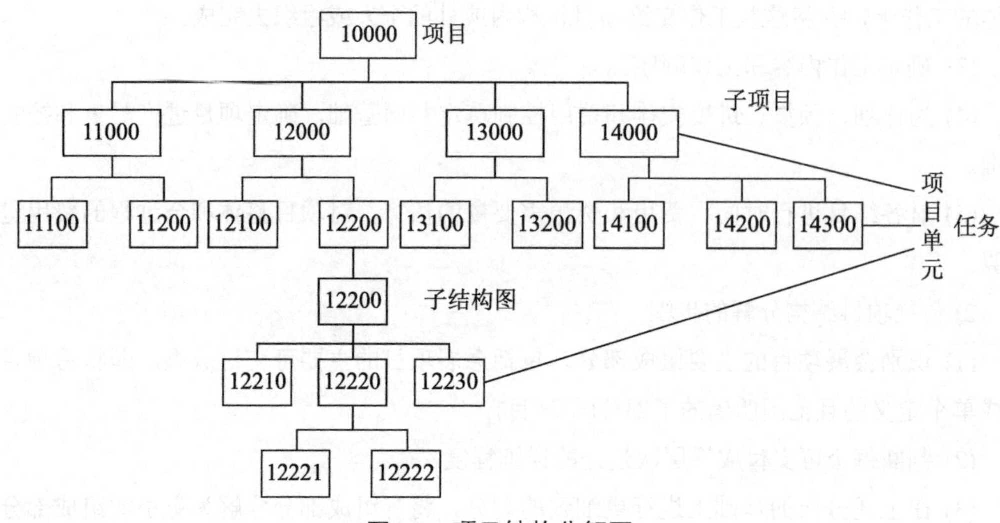

图4-2 项目结构分解图

WBS图是实施项目、创造最终服务所必须进行的全部活动的清单，也是进度计划、人员分配、预算计划的基础。将会展项目结构分解图用表格来表示，则为会展项目结构分解表。它类似于计算机中文件的目录路径，如表4-1所示。表格中可以列出各项目单元的编码、名称、负责人和成本项目等说明。

表4-1 项目结构分解表

编码	名称	负责人	成本	XX	XX
10000 11000 11000 11200					
12000 12100 12200 12210 12220 12221 12222 12230					
13000 13100 13200					
14000 14100 14200 14300					

在会展项目结构分解过程中，需要注意两点：一是注意WBS的层次。由于工作分解既可以按项目的内在结构，又可以按项目的实施顺序进行分解，而且项目本身的复杂程度、规模大小各不相同，从而形成了WBS的不同层次。二是注意WBS的编码。为了简化WBS的信息交流过程，常利用编码技术对WBS进行信息转换。

第四节　会展项目范围确认和变更控制

一、会展项目范围确认的含义及依据

会展项目范围确认是指会展项目干系人最终认可和接受项目范围的过程。在范围确认工作中，要对范围定义的工作结果进行审查，确保会展项目范围包含所有的工作任务。会展项目范围确认既可以针对一个会展项目的整体范围，也可以针对某个会展项目阶段的范围。会展项目范围确认要审核会展项目范围界定的结果，确保所有的、必需的工作都包括在会展项目工作分解结构中，而一切与实现目标无关的工作均不包括在会展项目范围中，以保证会展项目范围的准确。

会展项目范围确认的依据有以下几项内容。

(1) 工作成果，即会展项目可交付成果的情况，反映了会展项目按计划执行的实际情况。

(2) 成果说明，即对会展项目成果的全面描述，如会展项目规格书、会展项目技术文件或会展项目图纸等。

(3) 会展项目范围说明书。

(4) 会展项目范围管理计划。

(5) 会展项目工作分解结构图。

二、会展项目范围确认的工具

会展项目范围确认时，通常应用会展项目范围的核检表和会展项目工作分解结构核检表。

1. 会展项目范围核检表的主要内容

(1) 会展项目目标是否完整和准确。

(2) 会展项目目标的衡量标准是否科学、合理和有效。

(3) 会展项目的约束条件、限制条件是否真实并符合实际。

(4) 会展项目的假设前提是否合理，不确定性的程度是否较小。

(5) 会展项目的风险是否可以接受。

(6) 会展项目成功的把握是否很大。

(7) 会展项目的范围界定是否能够保证上述目标的实现。

(8) 会展项目范围所能产生的收益是否大于成本。

(9) 会展项目范围界定是否需要进一步开展辅助性研究。

2. 会展项目工作分解结构核检表的主要内容

(1) 会展项目目标描述是否清楚明确。

(2) 会展项目产出物的各项成果描述是否清楚明确。

(3) 会展项目产出物的所有成果是否都是为实现项目目标服务的。

(4) 会展项目的各项成果是否以工作分解结构为基础。

(5) 会展项目结构分解(WBS)中的工作包是否都是为形成项目某项成果服务的。

(6) 会展项目目标层次的描述是否清楚。

(7) 会展项目结构分解(WBS)的层次划分是否与项目目标层次的划分和描述相统一。

(8) 会展项目工作、项目成果与项目目标之间的关系是否一致。

(9) 会展项目工作、项目成果、项目分目标和项目总目标之间的逻辑关系是否正确、合理。

(10) 会展项目目标的衡量标准是否有可度量的数量、质量或时间指标。

(11) 会展项目结构分解(WBS)中的工作是否有合理的数量、质量和时间度量指标。

(12) 会展项目目标的指标值与项目工作绩效的度量标准是否匹配。

(13) 会展项目结构分解(WBS)的层次分解是否合理。

(14) 会展项目结构分解(WBS)中各个工作包的工作内容是否合理。

(15) 会展项目结构分解(WBS)中各个工作包之间的相互关系是否合理。

(16) 会展项目结构分解(WBS)中各项工作所需的资源是否明确，合理。

(17) 会展项目结构分解(WBS)中各项工作的考核指标是否合理。

(18) 会展项目工作分解结构的总体协调是否合理。

三、会展项目范围确认的结果及变更控制

会展项目范围确认的结果是对会展项目范围定义工作结果的正式认可或接受，同时还

要编制经会展项目相关者确认并已经接受的会展项目范围定义和会展项目阶段性工作成果的正式文件。这些文件应该分发给会展项目相关者。如果会展项目范围没有被会展项目相关者确认，则会展项目宣告终止。需要说明的是，会展项目范围确认不同于会展项目质量控制，前者主要是关心工作结果的“接受”，而后者主要关心工作结果的“正确性”。这些过程一般平行进行，以确保会展项目的可接受性和正确性。

在会展项目质量控制阶段，或者说在变更控制阶段，对已经完成但未通过正式验收的可交付成果及其未通过验收的原因，应该记录在案，并提出适当的变更请求，以便进行缺陷补救。变更请求应该由实施整体变更控制过程审查与处理。对会展项目范围进行控制时，必须确保所有请求的变更、推荐的纠正措施或预防措施都经过实施整体变更控制过程的处理。在变更实际发生时，也要采用范围控制过程来管理这些变更。控制范围过程需要与其他控制过程整合在一起。未得到控制的变更通常被称为项目范围蔓延。变更不可避免，因而必须强制实施某种形式的变更控制。

对会展项目范围进行控制，需要制订变更管理计划和配置管理计划。变更管理计划是定义管理项目变更的过程。配置管理计划是定义配置项，定义需要正式变更控制的内容，并为这些配置项和内容规定变更控制过程。控制范围通常包括以下内容。

(1) 控制工作绩效测量结果。包括对计划与实际技术性能的对比，或其他范围绩效测量结果的比较，要把这些信息需要记录下来并传递给相关干系人。

(2) 控制组织过程资产的更新。需要更新的组织过程资产，通常包括造成偏差的原因、所选的纠正措施及其理由、从项目范围控制中得到的其他经验教训等，要记录下这些信息并传递给相关的项目干系人。

对会展项目范围进行变更控制后，相应地要对会展项目管理计划进行更新，包括要对会展项目范围基准进行更新。如果批准的变更请求会对会展项目范围产生影响，那么会展项目范围说明书、工作分解结构等都需要重新修订和发布，以反映这些批准的变更。

复习思考题

1. 什么是会展项目范围管理，它包括哪些内容?
2. 确定会展项目范围对会展项目管理有哪些具体作用?
3. 简述会展项目结构分解的基本思路与步骤。
4. 什么是会展项目范围确认？怎样进行会展项目范围确认？

第五章
会展项目进度管理

学习目标

理解会展项目进度计划的内容和作用；掌握会展项目进度计划的编制步骤和依据；掌握会展项目计划的主要表达方式；理解双代号网络计划和单代号网络计划的表达特点。

基本概念

会展项目进度计划；关键路线；网络计划技术。

第一节 会展项目进度管理计划

会展项目进度管理，是指在会展项目实施过程中，为确保会展项目能够在规定时间内实现项目目标，对会展项目活动进度及日程安排所进行的管理活动。

在会展项目进度管理之前，会展项目管理团队需要先开展规划工作。该规划工作是编制会展项目管理计划过程的一部分，会产生会展项目进度管理计划。在会展项目进度管理计划中，需要记录会展项目时间管理所需的各个过程及其工具与技术。会展项目进度管理计划是会展项目管理计划的一部分或子计划，可以是正式或非正式的，可以是详细或概括的，具体内容视会展项目需要而定。

编制可行的会展项目进度计划，往往是一个反复进行的过程。这一过程旨在确定会展项目活动的计划开始日期与计划完成日期，并需要确定相应的里程碑。随着工作的推进，会展项目管理计划的变更以及风险性质的演变，应该在整个会展项目管理过程中持续修订进度计划，以确保计划始终是现实可行的。

一、会展项目进度计划的分类与作用

进度计划是表达会展项目中各项工作的开展顺序，确定开始及完成时间，以及相互衔接关系的计划。通过进度计划的编制，可以使会展项目的实施成为一个有机的整体。进度计划是会展项目进度控制和管理的依据。

1. 分类

根据进度计划所包含的内容，进度计划可分为总体进度计划、分项进度计划、年度进度计划。这些不同的进度计划构成了会展项目的进度计划系统。当然，不同的会展项目，其进度计划的划分方法有所不同。

2. 作用

会展项目进度计划的作用如下所述。

(1) 为会展项目实施过程中的进度控制提供依据。

(2) 为会展项目实施过程中的劳动力和各种资源的配置提供依据。

(3) 为会展项目实施有关各方在时间上的协调配合提供依据。

(4) 为在规定期限内保质、高效地完成会展项目提供保障。

二、会展项目进度计划的编制依据和步骤

1. 编制依据

为保证会展项目进度计划的科学性和合理性，在编制进度计划前，必须收集真实、可信的信息资料，以作为编制进度计划的依据。

这些信息资料包括以下内容。

(1) 会展项目对工期的要求。

(2) 会展项目特点。

(3) 会展项目的技术经济条件。

(4) 会展项目的外部条件。

(5) 会展项目各项工作的时间估计。

(6) 会展项目的资源供应状况。

2. 编制步骤

编制会展项目进度计划的主要步骤如下所述。

(1) 确定会展项目的各项活动，即确定为完成项目必须进行的诸项具体活动。

(2) 确定活动顺序，找出各项活动之间的依赖关系。

(3) 时间估算，估算各项活动所需要的时间。

(4) 编制时间进度计划，研究和分析活动顺序、活动时间和资源要求，进而制订会展项目的时间进度计划。

三、会展项目进度计划的主要形式

会展项目进度计划的主要形式可以采用表格和图形的方式。图形的方式更为直观易懂，更为常用。这里介绍两种主要的图形方式。

1. 甘特图

甘特图，又称条线图或横道图。甘特图在20世纪初开始应用和流行，主要用于项目计划和项目进度的安排。甘特图是一个二维平面图，横维表示进度或活动时间，纵维表示工作包内容，如图5-1所示。

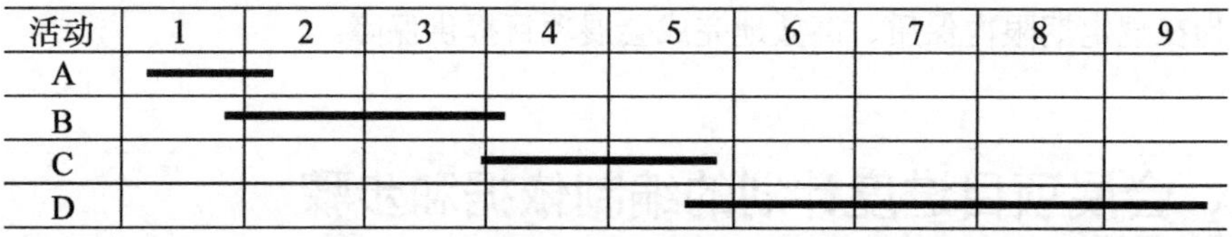

活动	1	2	3	4	5	6	7	8	9
A									
B									
C									
D									

图5-1　甘特图

图5-1中的横道线显示了每项工作的开始时间和结束时间，横道线的长度表示了该项工作的持续时间。甘特图的时间维度决定着会展项目计划粗略的程度，根据会展项目计划的需要，可以以小时、天、周、月等作为度量项目进度的时间单位。如果一个会展项目需要一年以上的时间才能完成，可以选择周甘特图或月甘特图；如果一个会展项目需要一个月左右的时间完成，可以选择日甘特图。

甘特图直观、简单，容易操作，便于理解，在资源优化过程中，一般都借助甘特图。甘特图可用于WBS的任何层次，除了用于进度计划的编制外，还可以用于进度控制。但是，甘特图也存在很多弱点，如它不能反映出哪些工作对总进度目标起关键作用，必须抓紧执行；不能反映哪些工作在时间安排上可做出灵活变动，而对总进度目标没有影响；更不知这些工作可灵活变动的时间幅度范围。甘特图也无法利用电脑来进行计算分析，从而使得计划实施过程中的调整变得较为困难。所以，传统的甘特图一般只适用于比较简单的小型项目。

2. 网络图

网络图是以箭线和节点组成的网状结构图，直观地表示各工作的开始和结束时间，并能充分反映项目各工作的逻辑关系及项目的关键工作。

相比较于甘特图，网络图表示的进度计划能全面、准确地反映出各工作之间的相互制约关系。通过时间参数的计算，可掌握对进度计划总目标的实现起关键作用的工作，并了解可灵活变动时间的非关键工作，可利用电脑软件进行绘制和计算，以及进度计划的优化和调整。

第二节　会展项目进度管理的技术方法

一、网络计划技术的产生及应用

20世纪50年代，美国学界和各大企业的管理人员纷纷为管理各类项目寻求更为有效的计划和控制技术，其中较为有效和方便的技术是网络计划技术。

网络计划技术的形成是关键路线法和计划评审技术的产生和推广应用。关键路线法(Critical Path Method，CPM)创始于1956年，在次年应用于杜邦公司的一个投资千万美元的化工项目，结果大大缩短了建设周期，节约了10%左右的投资，取得了显著的经济效益。该方法由凯利(Kelly)和沃克(Walker)于1959年公之于世。计划评审技术(Program Evaluation and Review Technique，PERT)出现于1958年，是美国海军在研究开发北极星(Polaris)号潜水舰艇所采用的远程导弹F. B. M的项目中开发出来的。PERT的应用，使美国海军部门顺利解决了组织、协调问题(这项工程涉及美国48个州的200多个主要承包商和11 000多个企业)，节约了投资，缩短了约2年工期(计划工期为8年)，缩短工期近25%。此后，美国三军和航空航天局在各自的管辖范围内全面推广了这一技术。20世纪60年代，耗资400亿美元、涉及两万多企业的阿波罗载人登月计划，也是采用PERT进行计划和管理的。

日本于1961年引进了美国的网络计划技术，日本政府认为此项技术是最优方法，并全面推广。英国在工业方面推广网络计划技术比较普遍，为各级企业管理人员举办不同类型的短期培训班，使各级管理人员都能懂得和应用这种管理方法，以适应各层次管理人员的需要。法国、加拿大等发达国家应用网络计划技术也卓有成效。发达国家的经验表明，应用网络计划技术，可节约投资的10%～15%，缩短工期15%～20%，而编制网络计划所需要的费用仅为总费用的0.1%。

关键线路法(CPM)和计划评审技术(PERT)并无本质的区别，但从使用目的来说略有不同。用CPM法编制项目进度计划时，以“箭线”或“事项”代表工作，按工作顺序，依次联结完成网络结构图，在以经验数据为基础较准确地确定各工作的持续时间的基础上，即可计算整个项目工期，并确定关键线路。用CPM法编制项目进度计划时，还可以调整项目的费用和工期，以研究整个项目的费用与工期的相互关系，争取以最低的费用、最佳的工期完成项目。对于一般项目来说，根据经验和知识，能够对项目的各项工作所需时间进行合理、准确的确定。所以，项目管理中较为常用的是CPM法。

用PERT法编制项目进度计划时，其图形与CPM法基本相同，但项目各活动持续时间由于影响因素太多，无法准确地确定工作持续时间，此时只能以概率统计方法为基础进行估计，在此基础上进行网络计划时间参数计算与分析。由于各工作持续时间采用的是估计值，并不十分准确，可进一步根据概率统计理论，分析其实现的概率大小。

网络计划技术在我国已得到了广泛的推广和应用，并将在项目管理中发挥更大的作用。我国有关部门对网络计划技术的应用给予了高度重视，为了使网络技术的应用规范化、标准化，原国家技术监察局于1992年颁布了中华人民共和国标准《网络计划技术常用术语》《网络计划技术网络图画法的一般规定》《网络计划技术在项目计划管理中应用的一般程序》。中华人民共和国住房和城乡建设部也于1992年颁布了行业标准《工程网络计划技术规程》，该标准于1999年进行了重新修订，并颁布实施。这些标准是我国推行网络计划技术的重要依据，作为项目管理人员应熟悉这些标准的内容。

二、网络图的绘制步骤

用网络计划方法编制进度计划的第一步是绘制网络图，网络图一般按以下步骤进行绘制。

1. 项目分解

任何项目都是由许多具体工作和活动组成的。所以，绘制网络图的首要问题是将一个项目根据需要分解为一定数量的独立工作和活动，分解的粗细程度可以根据网络计划的作用加以确定，如宏观控制的网络计划，可以分解得粗一些；具体实施的网络计划，可以分解得细一些。项目分解和工艺、方法的确定是密切相关的。对于较复杂的项目，项目分解是一项深入、细致的工作，通常是在工艺和方法确定的基础上进行的。项目分解的结果是要明确工作的名称、范围和内容等。

2. 工作关系分析

工作关系分析是为了确定工作之间的逻辑关系。根据已确定的项目实施方法、工艺、环境条件及其他因素，对项目进行分析，通过比较、优化等方法确定合理的逻辑关系。确定工作之间的逻辑关系，不仅要求项目管理人员对项目有深入的了解，对资源和空间有充分的考虑，还需要具备良好的运筹分析能力和技巧。项目分析的结果是明确工作的紧前和紧后的关系，形成项目工作列表。

3. 估计工作的基本参数

网络计划的基本工作参数包括工作的持续时间和资源需要量。估计工作的基本参数是绘制网络图的基本步骤，也是绘制网络计划的重要步骤。

工作持续时间是指在一定条件下，直接完成该工作所需时间与必要停歇时间之和，单位可为日、周、旬、月等。工作持续时间是计算其他网络参数和确定项目工期的基础。工作持续时间的估计是编制项目进度计划的一项重要的基础工作，要求客观、正确。如果工作时间估计太短，则会造成被动、紧张的局面；相反，则会延长工期。在估计工作时间时，不应受到工作的重要性及项目完成期限的限制，要在考虑各种资源供应、技术、工艺、现场条件、工作量、工作效率、劳动定额等因素的情况下，将工作置于独立的正常状态下进行估计。

工作持续时间估计常用的方法有定量计算法、专家判断法和类比估计法。定量计算法是在确定了工作量的基础上，根据作业人员的工作效率或人数确定持续时间的方法，该方法比较正确、可靠，但前提条件是能比较正确地确定工作量，并能正确地确定工作效率。专家判断法就是由专家根据历史的经验和信息，以及专家自己的判断能力估计工作的持续时间，其结果具有一定的不确定性和风险。类比估计法就是根据以前类似项目的工作时间来估计当前项目的工作时间。当缺乏项目的详细信息时，这是一种比较有效的方法。

具体估计方法有两种：①单一时间估计法。采用这种方法估计各项工作的延续时间时，只估计一个最可能的工作持续时间，对应于CPM网络。估计时，应以完成该工作可能性最大的作业时间为准，不受工作重要程度和合同期限的影响。单一时间估计法主要适用于工作内容简单，不可知因素较少的状况。②三种时间估计法。对于含有高度不确定性工作的项目，可以采用三种时间估计法估计各项工作的持续时间，即预先估计三个时间值，然后根据概率统计的原理和方法，确定工作的持续时间。这种方法对应于PERT网络。

估计的三个时间分别是最乐观时间、最可能时间和最悲观时间。

最乐观时间(t_0)，是指在最顺利的情况下，完成该工作可能需要的最短时间。估计时，要排除出现的所谓好运气，考虑在正常情况下，假使没有遇到任何困难时需要的时间。经验表明，在少于估计的最乐观时间内完成活动的概率仅有10%。

最可能时间(t_m)，是指在正常情况下，完成某项工作最有可能出现的时间，即假使该工作在相同条件下重复多次，完成的时间中出现得最多的时间值。

最悲观时间(t_p)，是指在最不利的情况下完成该工作可能出现的最长时间。估计时，要排除出现的特殊不利情况。最悲观时间应是在正常情况下，假设遇到最大困难时需要的最长时间。经验表明，在超出估计的最悲观时间内完成活动的概率仅有10%。

根据每项工作的三个时间估计值可以为每项工作计算一个期望工时(平均或折中)$\overline{t_e}$，期望工时的计算公式为

$$\overline{t_e} = \frac{t_o + 4t_m + t_p}{6}$$

三、网络图的绘制规则

网络图是网络进度计划的基础与核心，要正确绘制网络图，除保证各工作间逻辑关系的正确外，还必须遵循下述规则。

1. 网络图中不允许出现无头箭线和双头箭线

网络图中箭头所指方向是表示工作进行的先后次序，如出现无头箭线或双头箭线，工作的先后顺序将无法判断，会造成各工作之间逻辑关系的混乱。

2. 网络图中不允许出现循环回路

从网络图中某一节点出发，沿某一线路前进，最后如又回到该出发节点，所经过的线路就形成了循环回路。此时，网络图所表示的逻辑关系出现混乱，各工作之间的先后次序将无法判断。

3. 网络图中不允许出现无节点的箭线

无节点箭线不符合网络图中关于工作的定义，所以，无箭尾节点和无箭头节点的箭线(见图5-2)都不允许出现在网络图中。

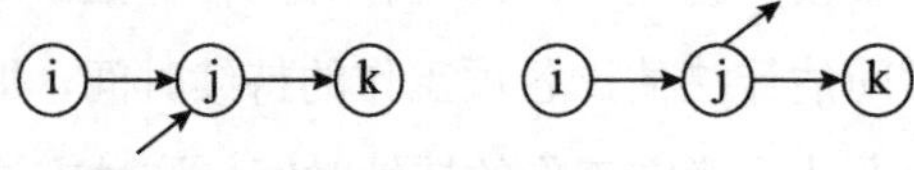

图5-2 无箭尾节点和无箭头节点箭线

4. 网络图中只允许有一个起点节点和一个终点节点

对于一个项目来讲，只有一个开始和一个结束时间，其项目进度计划也只有一个开始节点和一个结束节点。如果有几项工作同时开始(或同时结束)，在双代号网络图中可将这几项工作的开始节点(或完成节点)合并为一个节点，为使图形简洁，还可使用母线法来表示，如图5-3所示。在单代号网络图中则可设置一虚拟开始(或结束)工作，作为该网络图的起始节点(或终点节点)，如图5-4所示。

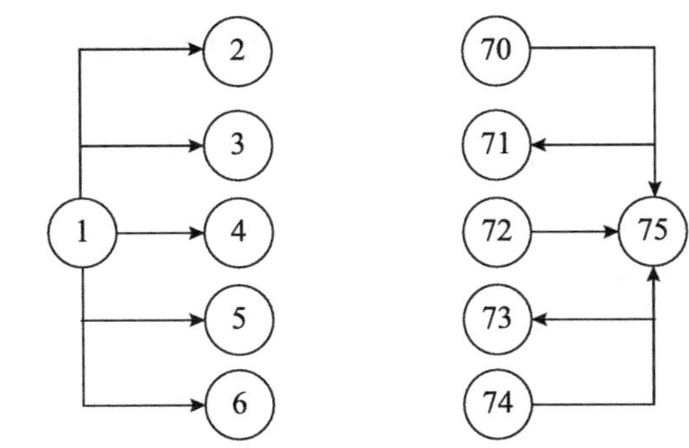

图5-3　双代号网络图母线法

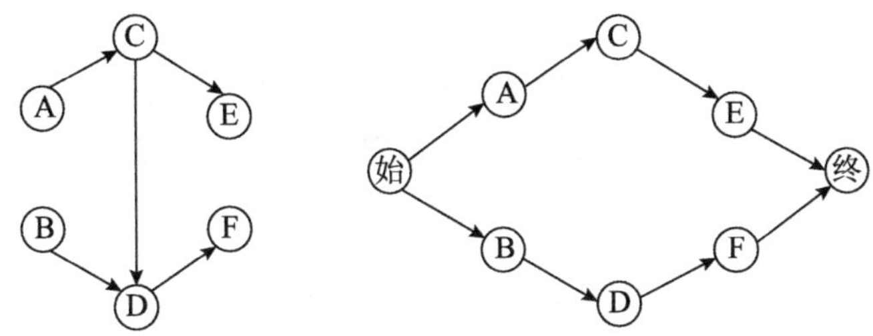

图5-4　单代号网络图起点、终点表示方法

5. 网络图中应尽量避免出现交叉箭线

当交叉不可避免时，可采用图5-5的几种表示方法。

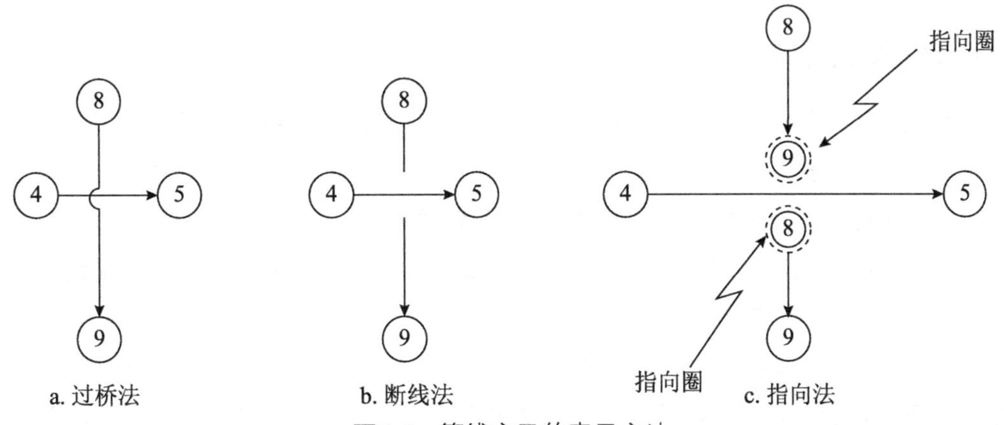

图5-5　箭线交叉的表示方法

6. 网络图的节点编号

在绘制完正确表述各工作之间逻辑关系的网络图后，还必须对网络图中的节点进行编号(也称编码)，节点编号应遵循下述两条规则：一是每根箭线箭头节点的编号j必须大于其箭尾节点的编号i，即$i<j$；二是在同一网络图中的所有节点，都不得出现重复的编号。为了避免因在网络图中增减工作而必须改动全部节点编号，在编号时，可采用不连续编号方法，这样可预留出一些备用编号以供网络图调整改正使用。

第三节 双代号和单代号网络计划

根据绘图符号的不同，网络计划技术有双代号和单代号之分。我国自推广应用网络计划技术以来，用得较多的是双代号网络计划技术。双代号网络计划技术可以明确地表示工作之间的逻辑关系，各工作的时间参数易于计算，便于进行动态管理和网络优化，且可以编制成时间坐标网络。

一、双代号网络图

双代号网络图是由若干表示工作的箭线和节点组成的，其中每一项工作都用一条箭线和两个节点来表示，每个节点都编以号码，箭线的箭尾节点和箭头节点就是每一工作的起点和终点。“双代号”即由此而来。双代号网络图如图5-6所示。

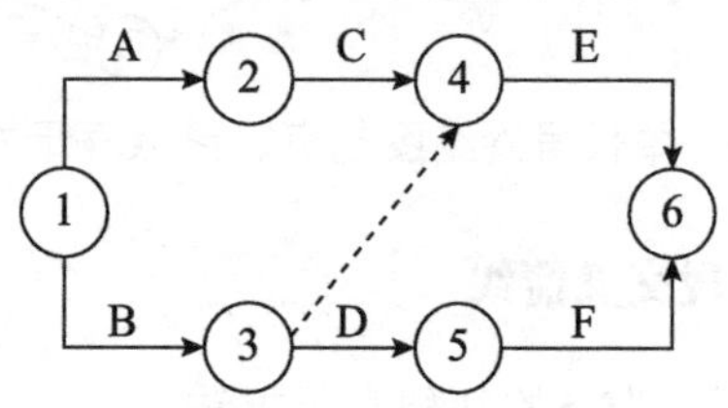

图5-6　双代号网络图

1. 箭线(或工作)

在双代号网络图中，箭线表示工作，箭线所指方向表示工作的前进方向，箭线的尾端表示工作的开始，箭头表示工作的结束，从箭尾到箭头表示一项工作的作业过程。

工作通常可以分为两种：①需要消耗时间和资源的工作。这类工作称为实工作，在网络图中用实箭线表示，如图5-7所示。一般在箭线的上方标出工作的名称，在箭线的下方标出工作的持续时间，箭尾表示工作的开始，箭头表示工作的完成，相应节点的号码表示该项工作的代号。②既不消耗时间，也不消耗资源的工作。这类工作称为虚工作，在网络图中用虚箭线表示，如图5-8所示。虚工作是虚设的，只表示相邻工作之间的逻辑关系，由于不需要时间，所以虚工作的持续时间为零。

图5-7　实箭线(实工作)　　　　图5-8　虚箭线(虚工作)

2. 节点(事项)

节点的主要作用是联结箭线。箭线尾部的节点称为箭尾节点，箭线头部的节点称为箭头节点；前者又称为箭线的开始节点，后者也称为箭线的结束节点。网络图中的第一个节点称为起始节点，它意味着一个项目或任务的开始；最后一个节点叫终止节点，它意味着项目或任务的完成。网络图中的其他节点称为中间结点。在网络图中，就一个节点来说，可能有许多箭线通向该节点，这些箭线称为内向箭线或内向工作；若由同一个节点发出许多箭线，这些箭线称为外向箭线或外向工作。

3. 线路

从起始节点开始，沿着箭线的方向连续通过一系列箭线与节点，最后到达终止节点的通路称为线路。每一条线路都有自己确定的完成时间，它等于该线路上各项工作持续时间的总和，也是完成这条线路上所有工作的计划工期，该工期也可称为路长。

根据路长的大小，线路可分为关键线路、次关键线路和非关键线路。路长最长的线路称为关键线路或主要矛盾线。位于关键线路上的所有工作称为关键工作。关键工作完成的快慢直接影响整个项目工期的实现。路长仅次于关键线路路长的线路称为次关键线路。除了关键线路、次关键线路之外的其他所有线路均称为非关键线路。

二、双代号工作关系的表达

工作关系，是指项目中所含工作之间的先后顺序关系。工作关系的确定就是要确定各项工作之间的前后顺序关系，即该项工作开始前，有哪些工作必须完成；该项工作在执行过程中，有哪些工作可以与它平行交叉地进行；该项工作完成后，有哪些工作应接着开始。

这里的关系可以分成两类：①一类工作之间的关系是客观的、固有的，不能随意改变，也就是其内在联系，这里称为逻辑关系；②另一类工作之间的关系并不是一种固定不变的关系，而只是一种人为的安排，这种人为的相互关系，这里称为组织关系。

如图5-9所示的架桥和部队渡河之间的关系就是一种逻辑关系，而图5-10所示的A部队与B部队之间的先后渡河关系就是一种组织关系。

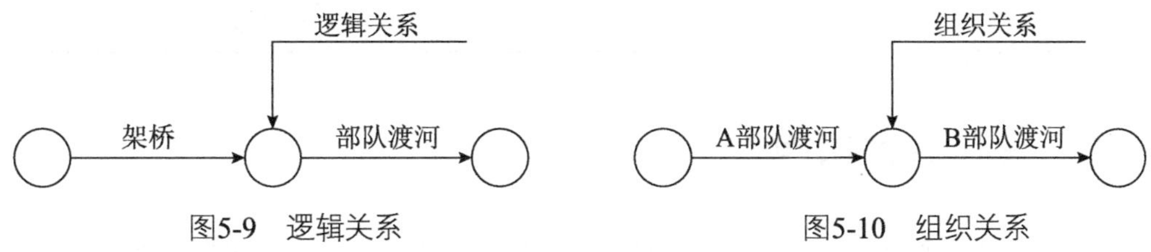

图5-9　逻辑关系　　图5-10　组织关系

在网络图中，各项工作之间的关系是变化多端的。表5-1列出了网络图中常见的双代号逻辑关系表示方法。

表5-1 双代号网络图的逻辑关系表示方法

序号	工作关系描述	图示
1	A、B、C平行进行	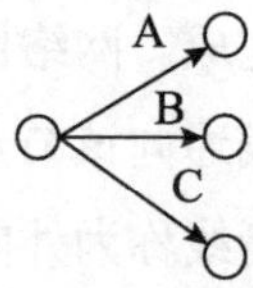 A B C
2	A完成后，D才能开始；A、B完成后，E才能开始；A、B、C完成后，F才能开始	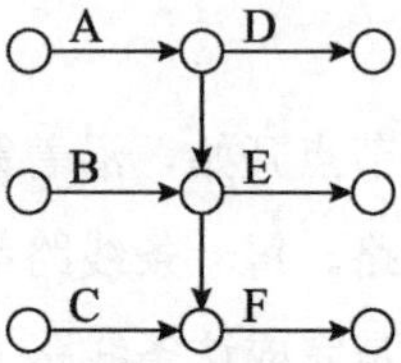 A D B E C F
3	A、B完成后，D才能开始；A、B、C完成后，E才能开始；D、E完成后，F才能开始	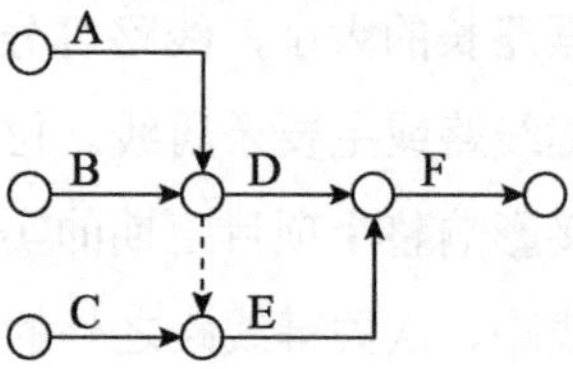 A B D F C E
4	A结束后，B、C、D才能开始；B、C、D完成后，E才能开始	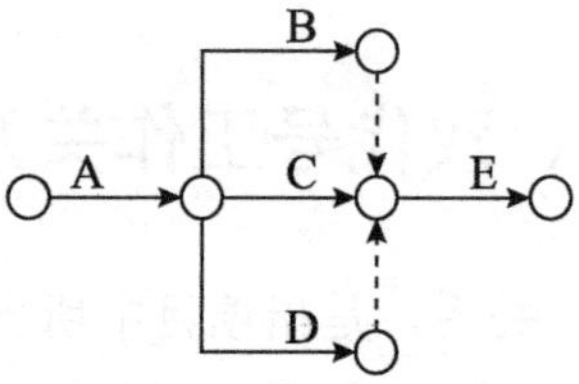 B A C E D
5	A完成后，B、C、D才能开始；但B、C、D不一定同时开始	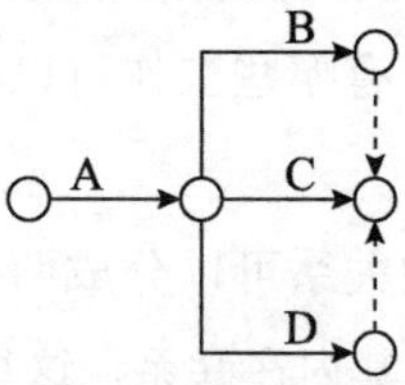 B A C D
6	A、B完成后，D才能开始；B、C完成后，E才能开始	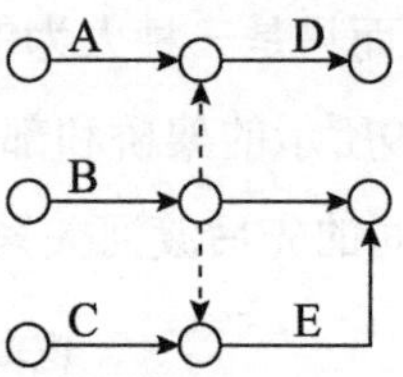 A D B C E

三、单代号网络图

单代号网络计划技术具有易画、易懂、便于检查等优点，所以单代号网络也已在某些项目管理中获得了成功应用，特别是在国外，网络计划的应用主要是单代号网络计划。

单代号网络同样由节点、箭线、线路组成。

1. 节点

在单代号网络图中，节点及其编号用于表达一项工作。该节点宜用圆圈或矩形表示，如图5-11所示。

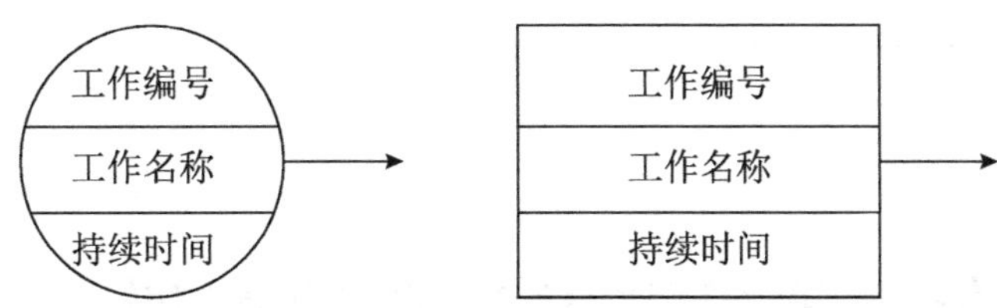

图5-11　单代号网络图中节点的表达方法

节点必须编号，节点号即为工作的代号。由于工作代号只有一个，故称“单代号”。节点编号标注在节点内，可连续编号，也可间断编号，但严禁重复编号，箭线箭尾节点的编号最好小于箭头节点的编号。一项工作必须有唯一的节点和唯一的编号。

2. 箭线

单代号网络图中的箭线表示相邻工作之间的逻辑关系。箭线可画成直线、折线，箭线的水平投影方向应自左向右，表示工作的进展方向。单代号网络图中不设虚箭线。

3. 线路

单代号网络图线路的概念与双代号相同。

四、单代号逻辑关系的表达

单代号网络图中，箭尾节点表示的工作是箭头节点的紧前工作；反之，箭头节点所表示的工作是箭尾节点的紧后工作。单代号网络图所表示的逻辑关系易于理解，绘制时不易出错。单代号网络图的绘图规则、绘图步骤与双代号网络图基本相同。单代号网络图逻辑关系表示方法如表5-2所示。

表5-2　单代号网络图逻辑关系表示方法

序号	工作关系描述	图示
1	A工作是B工作的紧前工作	(A)→(B)
2	D工作是B工作、C工作的紧后工作	(B)→(D)；(C)→(D)
3	B工作是C工作、D工作的紧前工作	(B)→(D)；(B)→(C)

(续表)

序号	工作关系描述	图示
4	A工作是C工作的紧前工作，C工作、D工作是B工作的紧后工作	A→C；B→C；B→D

第四节 会展项目进度管理的控制

会展项目对时间进行管理的过程中，要监督会展项目状态，项目有任何变更都会对时间管理带来挑战，需要应变处理，因此，会展项目进度控制的管理是否到位至关重要。

一、会展项目进度控制的管理准备

控制进度是监督会展项目状态以更新项目进展、管理进度基准变更的过程。控制进度是会展项目管理实施整体变更控制过程的一个组成部分。

会展项目的进度控制需要关注以下几方面内容：①判断项目进度的当前状态；②对引进进度变更的因素施加影响；③确定项目进度是否已经发生变更；④在变更实际发生时对其进行管理。

会展项目进度控制，需要对会展项目管理计划中包含进度管理计划和进度基准的部分给予管理关注和跟踪。进度管理计划描述了应该如何管理和控制会展项目进度；进度基准用来与实际结果相比较，以判断是否需要进行变更、采取纠正措施或采取预防措施。需要根据会展项目实际进展时间来更新项目进度计划，可以使用符号标明截至数据日期的更新情况、已经完成的活动和已经开始的活动。

二、会展项目进度控制的工具和技术

会展项目控制进度常用的工具和技术包括以下几种。

1. 绩效审查

绩效审查是指测量、对比和分析进度绩效，如会展项目实际开始和完成日期、已完成百分比以及当前工作的剩余持续时间。

2. 偏差分析

偏差分析是指采用进度绩效测量指标，来评价相对于进度基准的偏差大小的方法。会展项目进度控制的重要工作之一就是要分析相对于进度基准的偏差原因与程度，并确定是否需要采用纠正或预防措施。

3. 项目管理软件

在会展项目控制进度中，可借助项目管理软件，对照进度计划，追踪会展项目实际进度，并预测各种变更对会展项目进度的影响。

4. 资源平衡

资源平衡是指对用于优化资源限制下的工作分配。

5. 假设情景分析

假设情景分析用于考察各种情形，以便使会展项目进度与计划相符。

6. 调整时间提前量与滞后量

在会展项目控制进度中，可通过调整时间提前量与滞后量，设法使进度落后的活动赶上计划。

7. 进度压缩

在会展项目控制进度中，可采用进度压缩技术，设法使进度落后的活动赶上计划。

三、会展项目进度控制的管理内容

进行会展项目进度控制，要进行的具体管理内容包括以下几种。

1. 要控制工作绩效测量

针对WBS各组成部分，特别是工作包与控制账户，要计算出进度偏差与进度绩效指数，并记录在案，传达给相关干系人。

2. 要控制组织过程资产

通常，会展项目进度控制过程中，可能需要更新的组织过程资产包括偏差的原因、采取的纠正措施及其理由、从项目进度控制中得到的其他经验教训。

3. 要控制变更请求

通过分析进度偏差以及审查会展项目进展报告、绩效测量结果和进度调整情况，可能会对进度基准或会展项目管理计划的其他组成部分提出变更请求。需要把变更请求提交给项目整体变更控制过程来进行审查和处理。

4. 要更新项目管理计划

会展项目管理计划中可能需要更新的内容包括进度基准、进度管理计划、成本基准。在会展项目范围、活动资源或活动持续时间等方面的变更获得批准后，可能需要对进度基准做相应变更；可能需要更新进度管理计划，以反映进度管理方法的变更；也可能需要更新成本基准，以反映因进度压缩或赶工而导致的成本变更。

5. 要更新项目文件

可能需要更新的项目文件包括进度数据、项目进度计划。可能需要重新制定会展项目进度网络图，以反映经批准的剩余持续时间和对工作计划所做的修正。有时，项目进度延误非常严重，以至于必须重新预测开始与完成日期，编制新的目标进度计划，才能为指导工作以及测量绩效与进展提供有实际意义的数据。有时，需要根据更新后的进度数据，对会展项目进度计划进行更新，以反映进度变更，并有效管理项目。

复习思考题

1. 会展项目计划的内容和作用是什么？
2. 会展项目计划编制的基本步骤有哪些？
3. 会展项目计划的主要表达形式有哪些？
4. 双代号网络计划的主要特点是什么？
5. 单代号网络计划的主要特点是什么？

第六章

会展项目人力资源管理

学习目标

理解和掌握会展项目人力资源管理的主要内容和重点；会展项目经理的能力要求和项目团队组建的要求；会展项目团队管理的主要方式。

基本概念

会展项目经理；会展项目团队；会展项目团队组建与管理。

会展项目人力资源管理包括组织、管理与领导会展项目团队的各个过程。会展项目团队由为完成会展项目而承担不同角色与职责的人员组成。随着会展项目的开展，会展项目团队的类型和数量可能频繁变化。会展项目团队成员也被称为会展项目员工。尽管会展项目团队成员各有不同的角色和职责，但让团队成员参与会展项目规划和决策仍是有益的。团队成员尽早参与，既可使他们对会展项目规划工作贡献专业技能，又可以增强他们对会展项目的责任感。

会展项目人力资源管理的各过程主要包括编制人力资源计划、组建会展项目团队、建设会展项目团队和管理会展项目团队。其中，编制会展项目人力资源计划，主要是识别和记录会展项目角色、职责、所需技能以及报告关系，并编制人员配备管理计划的过程。组建会展项目团队，主要是确认可用人力资源并组建会展项目所需团队的过程。建设会展项目团队，主要是提高工作能力、促进团队互动和改善团队氛围，以提高会展项目绩效的过程。管理会展项目团队，主要是跟踪项目团队成员的表现，提供反馈，解决问题并管理变更，以优化会展项目绩效的过程。

第一节 会展项目人力资源管理计划

通过制订会展项目人力资源计划，管理当局一方面可以保证会展项目团队的人力资源管理活动与会展企业的战略方面和目标相一致；另一方面可以保证会展项目团队人力资源活动的各个环节相互协调，避免冲突。会展项目编制人员配备计划时，要确定何时以及如何增加或减少会展项目团队成员的人数，以保证会展项目人力资源的效率和效益。

一、编制会展项目人力资源计划的基本原则

编制会展项目人力资源计划，主要是为了识别和记录项目角色、职责、所需技能以及报告关系，为了明确会展项目执行所需要的人员数量、角色和责任等。

通过编制会展项目人力资源计划，管理当局可识别和确定那些拥有会展项目所需技能的人力资源。会展项目人力资源计划应该包含会展项目角色与职责记录，以及带人员招募和遣散时间表的会展项目人员配备管理计划。通常情况下，会展项目人力资源计划可能还包含会展项目人员培训计划等。

编制会展项目人力资源计划时，应该关注稀缺或有限人力资源的可得性，也要关注有关这方面人力资源竞争的各方面情况和动态。编制会展项目人力资源计划时，可以按个人或小组分派项目角色，这些个人或小组可能来自会展项目执行组织的内部或外部。要关注到其他项目有可能也在争夺具有相同能力或技能的人力资源。编制会展项目人力资源计划时，必须认真考虑这些因素，并有必要编制会展项目人力资源配备的备选方案。

综上所述，编制会展项目人力资源计划，要特别关注的主要依据包括以下几项。

1. 会展项目活动资源需求

进行会展项目人力资源规划时，需要根据会展活动资源需求来确定会展项目所需的人力资源。对会展项目团队成员及其能力的初步需求，应该渐进明细。这种渐进明细是会展项目人力资源规划过程的一部分。

2. 会展项目所处的内外部环境因素

内外部运行环境是影响编制会展项目人力资源计划过程的要素，具体的内外部环境因素包括会展项目的组织文化和结构、现有人力资源情况、人事管理政策、市场条件等。

3. 会展项目的组织过程资产

在编制会展项目人力资源计划过程中，会展项目的组织过程资产可能对会展项目团队产生影响，具体的会展项目组织过程资产包括会展项目组织的标准流程、政策以及

标准化的角色描述、会展项目组织机构图和职位描述模板、以往会展项目的组织结构资料等。

二、编制会展项目人力资源计划的主要内容

编制会展项目人力资源计划是会展项目管理计划的一部分。会展项目人力资源计划是关于如何定义、配备、管理、控制以及最终遣散项目人力资源的指南。

会展项目人力资源计划在罗列会展项目所需计划时，需考虑角色、职权和职责。

角色是说明某人负责会展项目某部分工作的一个术语。例如，会展项目角色包括项目策划师、项目物资采购专员、项目现场搭建设计、项目现场搭建工程师、项目现场联络员、项目市场商务分析师等。编制会展项目人力资源计划时，应该清楚地界定和记录各角色的职权、职责和边界。

职权是使用会展项目资源、做出决策以及签字批准的权力。例如，下列事项都需要由具有明确职权的人来做决策：选择会展项目活动的实施方法、项目质量验收以及如何应对会展项目偏差等。当个人的职权水平与职责相匹配时，团队成员就能最好地开展工作。

职责是为完成会展项目活动，会展项目团队成员应该履行的工作。

编制会展项目人力资源计划时，作为会展项目管理计划中的人力资源计划的一部分，会展项目人员配备管理计划是描述何时以及如何满足会展项目对人力资源的需求。基于会展项目的需要，人员配备计划可以是正式的，也可以是非正式的；可以是详细，也可以是高度概括的。在会展项目期间，管理当局应不断更新人员配备管理计划，以指导持续进行的团队成员招募和发展活动。

会展项目人员配备管理计划的内容，随应用领域和项目规模而异，但都应包括以下重要内容。

1. 人员招募计划

在规划会展项目团队的成员招募工作时，需要考虑一系列问题。例如，是从组织内部招募，还是从组织外部的签约供应商招募？团队成员必须集中在一起工作，还是可以远距离分散办公？会展项目所需各类角色人员的成本分别是多少？组织的人力资源部门和职能经理们能为会展项目管理团队提供哪些帮助？

2. 人力资源工作日历

人员配备管理计划需要按个人或小组来描述会展项目团队成员的工作时间框架，并说明招募活动何时开始。这种资源日历要显示出在整个会展项目期间每周(或每月)需要某

人、某部门或整个项目团队的工作小时数。这种资源日历通常需要根据项目进展的实际人员需求而增加资源或做出其他修改计划。

3. 会展项目人员培训计划

如果预计到团队成员不具备所要求的能力，就需要制订人员培训计划，并将其作为会展项目人力资源管理的组成部分。人员培训计划中也可说明应该如何帮助团队成员获得相关证书，以提高他们的工作能力，从而使会展项目从中受益。

4. 会展项目人员遣散计划

在编制会展项目人力资源计划时，需要确定遣散会展项目团队成员的方法与时间，这对会展项目和团队成员都有好处。一旦把团队成员从会展项目中遣散出去，会展项目就不再负担与这些成员相关的成本，从而节约项目成本。如果已经为员工安排好向新项目的平滑过渡，还可以提高士气。人员遣散计划也有助于减轻会展项目过程中或会展项目结束时可能发生的人力资源风险。

5. 其他计划

其他计划有多种，例如会展项目团队成员认可与奖励计划，这种人力资源管理计划有助于用明确的奖励标准和事先确定的奖励制度，来促进并加强团队成员的优良行为。为了获得会展项目管理的优良绩效，应该针对团队成员可以控制的活动和绩效进行认可与奖励。又如会展项目人员安全计划、会展项目人员管理合规性计划等，在会展项目风险登记册中规定一些政策和程序，来保护团队成员远离安全隐患；对人员管理以遵循适用的政府法规、工会合同和其他现行的人力资源政策。

三、编制会展项目人力资源计划的基本方法

编制会展项目人力资源计划的基本方法主要是利用组织机构图与职位描述，以多种格式来记录团队成员的角色与职责。大多数计划的格式都属于层级型、矩阵型和文本型。此外，有些项目人员安排可在会展项目管理计划的子计划中列出，如风险、质量或沟通计划。无论使用什么方法，目的都是确保每个工作包都有明确的责任人，确保全体团队成员都清楚地知道自己的角色和职责。

1. 层级型

在编制会展项目人力资源计划时，可采用传统组织机构图，即层级型(见图6-1)以图形方式自上而下地显示各种职位及其相互关系。

工作分解结构(WBS)用来显示如何把项目可交付成果分解为工作包，有助于明确高层次的职责。WBS显示项目可交付成果的分解，而组织分解结构(OBS)则按照组织现有的部门、单元或团队排列，并在每个部门下列出项目活动或工作包。例如，信息技术部或采购部只需找到其所在的OBS位置，就能看到自己的全部项目职责。

资源分解结构是另一种层级图，按照资源类别对项目进行分解。例如，资源分解结构可以列出会展项目在现场搭建环节所需的全部装修工人数和装修设备，即使这些资源分散在OBS和WBS的不同分支中。资源分解结构对追踪项目成本很有用，可与组织的会计系统对接，并可包含人力资源以外的其他各类资源。

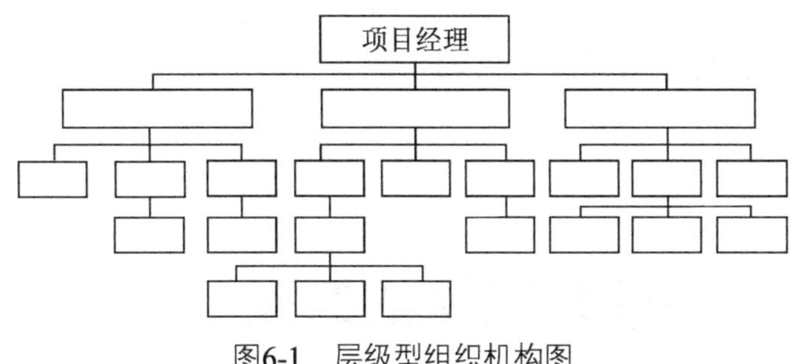

图6-1 层级型组织机构图

2. 矩阵型

在编制会展项目人力资源计划时，可采用责任分配矩阵(RAM)显示工作包或活动与会展项目团队成员之间的联系，如表6-1所示。在大型会展项目中，可在多个层次上制定RAM。例如，高层次的RAM可定义会展项目团队中的各小组分别负责WBS中的哪部分工作，而低层次的RAM则可在各小组内为具体活动分配角色、职责和职权。矩阵型组织机构格式能反映与每个人相关的所有活动以及与每项活动相关的所有人员，可确保任何一项任务都只有一个人负责，从而避免混乱。

表6-1 矩阵型职责表

责任分配	项目人员	项目人员	项目人员	项目人员	项目人员

3. 文本型

如果需要详细描述团队成员的职责，可以采用文本型格式。文本型文件通常以概述的形式，提供诸如职责、职权、能力和资格等方面的信息。这种文件有多种名称，如职位描述、角色职责职权表。该文件可作为未来项目模板，特别是在根据当前项目的经验教训对其内容进行更新之后。

4. 其他方法

与管理会展项目人力资源有关的某些职责也可以在会展项目管理计划的其他部分列出并解释。例如，在风险登记册中列出风险责任人，在沟通计划中列出沟通活动的负责人，在质量计划中指定质量保证和质量控制活动的负责人。

第二节 会展项目团队的组建

会展项目团队负责会展项目管理和领导活动，如各项目阶段的启动、规划、执行、监督、控制和收尾。会展项目管理团队也称为核心团队、执行团队或领导团队。对于小型会展项目，会展项目管理职责可由整个项目团队分担，或者由会展项目经理独自承担。为了更好地开展会展项目，会展项目发起人应该与会展项目团队一起工作，以协助会展项目筹资、明确会展项目范围、监督会展项目进程。

组建会展项目团队是为了把可用、可得的人力资源引进会展项目团队中，从而共同执行和完成会展项目工作任务。很多时候，可能会因为集体劳资协议、分包商人员使用、矩阵型项目环境等各种其他原因，会展项目管理团队对选择哪些团队成员不一定拥有直接控制权。

一、会展项目团队组建的准备

在组建会展项目团队的过程中，如果不能获得会展项目所需的人力资源，可能影响会展项目的进度、预算、客户满意度、质量和风险，也可能会降低会展项目的成功率，甚至最终导致会展项目取消。有时候，如果是因制约因素、经济因素或其项目对资源的占用等，而无法获得所需的人力资源，在不违反法律、规章、强制性规定或其他具体标准的前提下，会展项目经理或会展项目团队可能不得不使用替代资源。在这种情况下，会展项目管理团队或会展项目经理应进行有效谈判，尽可能与那些能为会展项目提供所需人力资源的人员取得沟通和支持，从而为会展项目团队的组建引进所需要的资源。

在会展项目规划阶段，会展项目管理团队或会展项目经理就要对上述因素加以考虑并做出适当安排。会展项目管理团队或会展项目经理应该在会展项目进度计划、会展项目预算、会展项目风险计划、会展项目质量计划、培训计划及其他相关计划中，说明缺少哪些必要的人力资源以及所需人力资源可能造成的影响。

二、会展项目团队组建的工具和技术

组建会展项目团队的主要工具和技术有以下几种。

1. 预分派方式

在某些情况下，会展项目团队事先被分派到项目上。例如，在会展项目筹划阶段，相关方承诺分派特定人员来参加会展项目管理工作，或者指定某些人员的工作分派，或者会展项目需要有专有技能的特定人员。

2. 谈判方式

在许多项目中，人员分派是通过谈判完成的。例如会展项目管理团队为了团队人员组建通常需要与多个相关方进行谈判，比如职能部门经理、执行组织中的其他项目管理团队、外部组织、卖方、供应商、承包商等。有效的谈判能够直接为项目获得具备适当能力的人员，能够合理分配到稀缺或特殊人力资源，也能够及时从外部获取合适的、稀缺的、特殊的、合格的、经认证的各类特殊人力资源。在人员分派谈判中，会展项目管理团队影响他人的能力是很重要的，如同在组织中的政治能力一样重要。例如职能经理在决定把杰出人才分派给哪个项目时，会权衡各竞争项目的优势和知名度，这时候项目管理团队的谈判沟通等能力会起到较为重要的影响作用。与外部组织进行谈判沟通时，也要特别注意外部的谈判政策、惯例、流程、指南、法律及其他标准。

3. 招募方式

在会展项目的执行组织内部缺乏完成项目所需要的技能人员或专业人员、特殊人员时，可以通过招募方式从外部获得所需要的服务。例如，雇用个人咨询师、把相关工作分包给其他组织(如会展活动现场场地的搭建工程)。

4. 虚拟团队方式

虚拟团队可定义为具有共同目标、在完成角色任务的过程中很少或没有时间面对面工作的一群人。虚拟团队通过电子邮件、电话会议、网络会议和视频会议等电子通信工具进行直接联系和沟通，从而来执行会展项目工作任务。互联网可以使虚拟团队成为可行，这为招募会展项目团队成员提供了新的可能性。使用虚拟团队的方式，可以让地理位置分散的员工得以组建成团队。不管是在家办公的员工，还是工作班次或时间不同的员工，或者是行动不便者，只要是项目所需要的人员都可以纳入项目团队。在虚拟团队的环境中，沟通规划变得更为重要。管理当局需要多花时间，用多种方式，来设定明确的期望，促进项目人员在虚拟团队环境中的沟通。

通过上述方法可以把合适的人员安排到会展项目团队，以完成项目团队人员的配备。组建会展项目团队后，需要给项目团队人员分派相关的文件，比如会展项目团队名录、团队成员的备忘录等，还需要把团队人员的姓名插入会展项目管理计划的各个部分中，如会展组织机构图、进度计划等，以保证团队人员顺利进入项目的执行过程中。另外，组建会展项目团队后，还需要在资源日历上记录每个成员可以在项目上工作的时间，这必须很好地了解每个人的时间冲突，以此来准确地记录团队成员的可用性，并以此来保证编制出可靠的项目进度计划。

第三节 会展项目团队的建设

一、会展项目团队建设的准备

建设会展项目团队是提高工作能力、促进团队互动和改善团队氛围，以提高会展项目绩效的过程。在这个过程中，团队协作是会展项目成功的关键因素，而作为会展项目团队的领头人，建设高效的会展项目团队是会展项目经理的主要职责之一。项目经理应创建一个促进团队协作的环境。

会展项目经理应该具有建立、建设、维护、激励、领导和鼓舞会展项目团队的能力，以实现团队的高效运行，并实现会展项目目标。会展项目经理应该通过提供挑战与机会、提供及时反馈与所需支持，以及认可与奖励优秀绩效，来不断激励团队。通过开放和有效的沟通、在团队成员中建立信任、以建设性方式管理冲突，以及鼓励合作型的问题解决方法和决策制定方法，来实现团队的高效运行。会展项目经理也应该要求管理层提供支持，对相关干系人施加影响，以便获得建设高效项目团队所需的资源。

二、会展项目团队建设的方式

会展项目团队建设首先从建立项目团队成员的名单开始，要在项目人员分派文件中详细列出谁是项目团队成员及其角色和职责，也要在项目人力资源计划中完善项目团队员工培训安排以及项目团队的建设计划，还要在人力资源日历文件中，规划项目团体成员何时能参与项目团队的建设活动。

建设会展项目团队的主要方式包括以下几项。

1. 团队人际关系技能的建设

人际关系技能有时也被称为软技能，对团队建设特别重要。管理当局通过了解会展项目团队成员的感情、预测其行动，了解其后顾之忧，并尽力帮助解决问题，来减少会展项目管理团队成员内部的工作麻烦并促进彼此间的工作合作。培养人际关系中的同情心、影响力、创造力及小组协调力等，对管理项目团队有重要作用。

2. 培训建设方式

培训可以是正式或非正式的。培训方式包括课堂培训、在线培训、计算机辅助培训、在岗培训、辅导及指导。在会展项目团队成员缺乏必要的管理或技术技能的情况下，可把对这种技能的培养作为培训工作的一部分。在会展项目团队培训过程中，应该按会展项目人力资源计划中的安排来实施预定的培训，还应该根据项目团队管理过程中的观察、会谈和项目绩效评估结果，来开展必要的计划外培训。用培训方式来建设团队的目的是提高会展项目团队成员组织活动的能力。

3. 团队建设活动的方式

团队建设活动的目的是帮助会展项目团队各成员更加有效地协同工作。如果团队成员的工作地点相隔很远，无法进行面对面接触，就特别需要有效的团队建设策略。具体的方式既可以是状态审查会上的五分钟议程，也可以是为改善人际关系而设计的、在非工作场所专门举办的体验活动。团队建设活动中，非正式的沟通和活动更有助于建立信任和良好的工作关系。

建设项目团队是一个持续性过程，对会展项目的成功至关重要。团队建设固然在项目前端必不可少，但也是一个永不完结的过程。项目环境的变化是不可避免的，要有效应对这些变化，就需要持续不断地开展团队建设。建设项目团队最重要的是应该鼓励整个团队协作解决团队问题。

第四节 会展项目团队的管理

建设起会展项目团队后，还要对项目团队进行日常管理，团队管理过程也是会展项目人力资源管理的过程。项目管理作为一种新型的管理方法，其组织结构与传统的组织观念有相同之处，但是项目本身的特性又决定了项目组织管理有自身的特殊之处。项目组织管理与传统组织管理的最大区别之处在于项目组织管理更强调项目经理的作用，强调团队的协作精神，其组织形式具有更大的灵活性。在本节中，一是强调对项目经理管理的角色、职责及其能力的学习，二是强调对项目团队管理方式的学习。

一、会展项目经理的角色和职责

1. 角色

会展项目经理是项目管理负责人，是项目组织的核心，有时人们也称其为项目管理者或项目领导者，负责项目的组织、计划、协调及实施全过程，以保证项目目标的成功实现。成功的会展项目无一不反映了项目经理的卓越管理才能，而失败的项目同样也反映了项目经理的失误。因此，会展项目经理在会展项目及项目管理过程中起着关键的作用。他的管理、组织、协调能力，他的知识素质、经验水平和领导艺术，甚至是个人性情都对项目管理的成败起着决定性的影响。

项目经理与其他管理者有很大不同。首先，项目经理与部门经理的职责不同，在矩阵型组织形式中可以明显看到项目经理与部门经理的差异。部门经理只能对项目涉及本部门的工作施加影响，如技术部门经理对项目技术方案选择的影响，设备部门经理对设备选择的影响等。因此，项目经理对项目的管理比部门经理更加系统全面，要求其具有系统思维的观点。

其次，项目经理与项目经理的经理或公司总经理的职责不同，项目经理是项目的直接管理者，是一线的管理者，而项目经理的经理或公司总经理是通过项目经理的选拔、使用、考核等来间接管理一个项目的。在一个实施项目管理的公司中，往往项目经理的经理或公司总经理也是从项目经理做起来的。为了选择合适的项目经理，应明确项目经理在项目管理中的主要职责，规定项目经理的基本素质和能力要求，同时还应培养项目经理，提高项目经理的水平。

2. 主要职责

会展项目经理作为项目的负责人，有相应的责任，简言之，他的责任就是通过一系列领导及管理活动使项目的目标成功实现，并使项目的利益相关者都获得满意。这里的项目利益相关者包括一切参加或可能影响项目工作的个人或组织，主要有以下几类：①顾客，即项目产品和服务的接受者；②消费者，即项目产品和服务的使用者；③客户，即发起该项目的人；④合伙人，即项目的合作者；⑤提供资金者，即金融机构；⑥外包服务商，即为项目组织提供产品和服务的组织；⑦社会，即司法、执法、社会大众；⑧内部人员，即项目组织成员。

会展项目经理的主要职责有以下几项：①利用可用资源，在预定时间、成本和技术条件内完成一定的任务；②完成预定收益目标；③制定所有决策；④传递和沟通外部(如顾客、客户)与公司内部之间的信息；⑤处理和协调所有可能出现的冲突和矛盾。

将这些职责具体说明，就是会展项目经理的工作范围描述。

会展项目经理潜在的职责包括以下几项：①界面管理。所管理的界面包括产品和服务界面；项目界面；顾客、公司职能部门、信息流和材料界面等。②资源管理。所管理的资源包括时间(进度)、人力、资金、工具、设备、信息和技术等。③计划和控制管理。计划和控制管理包括如何提高设备利用率和提高运营效率，降低风险，问题识别，冲突解决等。

二、会展项目经理的能力要求

由于项目的复杂性和多样性，成功的会展项目对项目经理的各方面能力提出考验，项目经理在项目管理时需要具备的一系列能力如下所述。

1. 要具有班子组建能力

组建项目班子是项目经理的主要责任之一。项目经理要选择不同的工作班子，将其纳入项目管理班子之中。为了保证项目班子高效运作，项目经理要在项目班子内部培养一种良好的合作氛围、良好的人际关系和集体荣誉感。会展项目经理还应注意影响项目班子效率的三个主要因素：①成员间的有效沟通；②项目成员的才能；③项目的执行情况。

2. 要具有领导能力

会展项目经理的领导能力是项目成功的重要前提条件之一。会展项目经理的领导能力与项目经理的项目管理经验和组织结构形式等有关，一般应满足下列要求：能够对项目进行有效领导和指导；能够解决问题和处理问题；善于起用新人，使新人与项目班子融洽相处；积极解决人事纠纷；能够将集体决策与个人决策相结合；能够准确无误地沟通交流信息；能够代表项目班子与外界打交道；能够平衡经济与人力间的矛盾。

3. 要具有冲突处理能力

纠纷、冲突和矛盾在项目管理中不可避免。理解冲突产生的原因和冲突可能产生的危害，将对处理冲突非常有利。当项目班子的纠纷和冲突对项目管理功能产生危害时，会导致项目决策失误、进度延缓，且将影响到项目质量。某些冲突如果处理得当，就会对项目管理有益，有利于提高项目管理班子的竞争意识。会展项目经理处理冲突的方法主要有以下几项：①运用组织行为相关理论建立项目班子积极竞争的环境，提高项目参与意识，降低影响生产效率的纠纷和冲突。②通过与项目各级人员有效交流、沟通，及时了解他们的思想动态。各种会议制度是交流沟通的重要手段之一。③了解冲突起因，总结项目管理易产生冲突的阶段和时间。有效的项目规划、实施计划等均能有效避免和降低冲突，项目经理应尽量利用对项目管理有利的冲突，同时降低和消除对项目产生严重危害的冲突。项目经理应对冲突保持敏锐观察，区分冲突可能产生的后果。

4. 要具有技术能力

会展项目经理不可能为项目管理班子配备好所有必需的技术、管理和销售等人才，因此项目经理了解和掌握相关技术知识显得非常重要，在解决一些复杂项目时，一般会要求项目经理具有专业知识。

5. 要具有计划能力

任何会展项目必须做计划，项目的任何任务也必须做计划，计划对项目管理非常重要，项目计划表示项目开始到结束的全过程安排。项目计划一般包括进度计划、预算安排、人员配备计划、关键员工安排、资源使用计划和信息流程处理计划等。由于项目管理范围和深度时常变更，计划应不断修订，及时反映变化的情况。不过，项目经理不能让计划执行过于苛刻，如果完全按照计划，计划上没有标明的工作改进可能就得不到有效执行。

6. 要具有组织能力

会展项目经理应了解项目组织如何运作，以及如何运用项目组织工作。组织能力在项目开始阶段尤为重要，它有助于将不同人员团结起来，组成一个高效的集体。这比设计组织形式图要复杂得多，至少需要确定项目的报告关系、责任分配、信息流程等。

7. 要具有商业能力

会展项目经理应时刻关注项目的商业问题，以及项目的前景、市场竞争等问题。项目经理还应对项目的经济管理有一个长远的考虑。通过实际项目管理锻炼，可以培养相关商业能力，参与MBA学习、专题讨论和相关培训等均有助于提高项目经理的商业能力。

8. 要具有管理能力

会展项目经理在熟悉计划、人员配备、预算和进度等技术的同时，也必须认识到管理的重要性。项目经理必须运用管理手段，避免管理任务过细，将一些管理任务分派给项目班子其他成员。一些有用的管理工具包括会议、报告、检查、预算和进度控制等。项目经理应熟悉这些管理工具，并能够有效运用。

9. 要具有资源分配能力

会展项目组织的领导者一般较多，除项目经理外，还有公司部门经理、高层主管等。项目经理在资源分配时应与相关领导协商。例如，项目的资金管理和人事调动可能由公司的部分职能部门分别负责。项目经理根据项目规划，制订资源需求计划，合理分配可用资源，保证项目成本和进度。

10. 要具有跨文化管理能力

现今，在全球化的国际环境下，会展项目的跨国合作机会越来越多。会展项目经理也有越来越多的机会接触来自不同国家的项目团队成员。在不同的地域文化下，项目团队成员的语言、行为、观念等会有不同，项目经理需要理解这些差异和不同，利用文化差异，去发展项目团队成员的潜力，并促进团队成员们在相互信任的氛围中充分协同工作。

三、会展项目团队管理的特征

管理会展项目团队是为了更好地改进团队成员的人际技能、技术能力以及项目团队环境和项目绩效。在会展项目的整个生命周期中，项目团队成员之间都要保持明确、及时、有效的沟通。管理会展项目团队的目标包括以下几项：①提高团队成员的知识和技能，以提高他们完成项目可交付成果的能力，并降低成本、缩短工期和提高质量；②提高团队成员之间的信任和认同感，以提高士气、减少冲突和增进团队协作；③创建富有生气和凝聚力的团队文化，以提高个人和团队生产率，振奋团队精神，促进合作，并促进团队成员之间的交叉培训和辅导，以分享知识和经验等。

优秀的会展项目团队所具有的特征主要体现在以下5个方面。

1. 共同的目标

对于一个项目，为使项目团队工作有成效，就必须明确目的和目标，并且每个团队成员必须对这个项目目标及其带来的收益有共同的思考。因为成员在项目里扮演多种角色，做多种工作，还要完成多项任务，而任务的确定是以明确目标和了解相互关系为基础的。

2. 合理分工与协作

每个成员都应该明确自己的角色、职权和职责，在目标明确之后，必须明确各个成员之间的相互关系。团队成员都需要了解为实现项目目标而必须做的工作及其相互间的关系。在项目团队建立初期，团队成员明确了项目目标和成员之间的相互关系，可以在以后项目执行过程中节省处理各种误解的时间。

3. 高度的凝聚力

凝聚力是指成员在项目内的团结与吸引力、向心力，也是维持项目团队正常运转的所有成员之间的相互吸引力。一个有成效的项目团队必定是一个有高度凝聚力的团队，它能使团队成员积极热情地为项目成功付出必要的时间和努力。

4. 团队成员相互信任

成功的团队重要的另一个特征就是信任，一个团队的能力大小受到团队内部成员相互信任程度的影响。在一个有成效的团队里，成员会相互关心，承认彼此存在的差异，信任其他人所做和所要做的事情。

5. 有效的沟通

会展项目团队必须拥有全方位的、各种各样的、正式的和非正式的信息沟通渠道，保证沟通直接、高效，减少沟通层次，保证沟通无滞延。

四、会展项目团队的成长阶段

会展项目团队的成长一般要经过5个阶段，即形成阶段、磨合阶段、正规阶段、表现阶段和解散阶段。

1. 形成阶段

形成阶段是团队发展进程中的起始步骤，即项目团队的筹建阶段。在这个阶段，个体成员转变为团队成员，相互认识，并了解项目情况以及他们在项目中的正式角色和职责。在这个阶段中，项目经理一般要做好以下工作：①根据项目的需要选择有关的成员组成团队，在选择成员时尽量使成员们具备所需的专业知识和技能，并且不同成员之间可以做到能力互补，这样能够减少培训费用和缩短适用时间；②对项目团队进行指导，明确方向，即说明项目目标、工作范围、质量标准、预算及进度计划的标准和限制等，以及完成项目能取得的成果和收益，同时明确每个人为协助完成项目目标所充当的角色；③组织并构建项目团队，包括确立团队的初始操作规程，规范诸如沟通渠道、审批及文件记录等工作，为了调动项目成员的积极性与主动性，最好让团队参与制订项目计划。

2. 磨合阶段

磨合阶段是团队成员熟悉各自职责，彼此相互适应的阶段。在本阶段中，团队开始从事项目工作，制定技术决策和讨论项目管理方法。在这个阶段，如果团队成员对不同观点和意见不能采取合作和开放的态度，团队环境就可能恶化。项目经理在此阶段的主要职责是使成员们进一步明确责任和角色，解决好成员之间的矛盾，做好导向工作。

3. 正规阶段

在本阶段，团队成员开始协同工作，并按团队的需要来调整各自的工作习惯和行为，团队成员开始相互信任。团队成员关系已经确立，主要矛盾基本解决，凝聚力逐渐形成，工作进展加快，效率提高。此时项目经理应尽量减少指导性工作，而是给予更多的支持，并对项目团队所取得的成绩予以表扬。

4. 表现阶段

进入这一阶段后，团队如同一个组织有序的单位，团队成员之间相互依靠，平衡高效地解决问题。团队成员积极工作，急于实现项目目标。此时项目经理主要是帮助团队执行项目计划，对团队成员的工作进程和成绩给予表扬，并集中注意控制项目预算、项目进度及质量等，同时帮助项目成员获得职业上的成长和发展。

5. 解散阶段

在本阶段，团队完成所有工作，团队成员离开项目。

以上各个阶段持续时间的长短，取决于团队活力、团队规模和团队领导力。项目经理应该对团队活力有较好的理解，以便有效地带领团队经历所有阶段。

五、会展项目团队管理的方式

会展项目团队管理常用的方式有以下几种。

1. 观察和交谈

通过观察和交谈，随时了解项目团队成员的工作和态度。会展项目管理团队应该监督项目可交付成果的进展，了解团队成员引以为荣的成就，以及了解各种人际关系问题。

2. 项目绩效评估

在会展项目过程中进行绩效评估的目的包括澄清角色与职责、向团队成员提供建设性反馈、发现未知或未决问题、制订个人培训计划以及确立未来各时期的具体目标。项目绩效评估的内容包括项目工期长短、项目复杂程度、组织政策、劳动合同要求以及所需定期沟通的数量和质量等。对于上述内容，会展项目管理团队可以开展正式或非正式的项目绩效评估。

3. 冲突管理

在项目环境中，冲突不可避免。冲突的来源包括资源稀缺、进度优先级排序和个人工作风格的差异等。采用团队规则、团队规范以及成熟的项目管理实践可以减少冲突的发生。成功的冲突管理可提高生产力，改进工作关系，有利于提高创造力和做出更好的决策。

4. 问题日志

在管理项目团队过程中，总会出现各种问题。书面日志能记录并监控谁负责在目标日期之内解决某个特定问题，可以找到妨碍团队实现目标的各种障碍，以解决实际问题。

5. 运用人际关系技能

项目经理应该综合运用技术、人际和抽象技能来分析形势，并与团队成员有效互动。恰当地使用人际关系技能，有助于项目经理充分利用全体团队成员的优势。

复习思考题

1. 会展项目人力资源管理的主要内容有哪些？
2. 会展项目经理角色有什么特点？
3. 会展项目经理的职责和能力要求是什么？
4. 会展项目团队组建的要求有哪些？
5. 会展项目团队管理的方式有哪些？

第七章
会展项目沟通管理

学习目标

理解和掌握会展沟通管理的基本内容和基本过程；了解会展项目沟通规划、沟通实施、沟通管理的基本原则和基本方法。

基本概念

会展项目沟通规划；会展项目沟通实施；会展项目沟通管理。

没有良好的沟通管理就没有成功的项目管理。沟通是计划、组织、控制等各项管理职能得以实施和完善的前提条件。美国未来学家约翰•奈斯比特曾说："未来的竞争是管理的竞争，竞争的焦点在于每个社会组织内部成员之间及其与外部组织的有效沟通上。"现代管理学上，所谓的沟通是指沟通主体之间对某种信息的传递、接受和理解。沟通所包含的信息既包括客观情况的事实，也包括人的思想、态度和情感等。组织行为学上的沟通对后者更为重视。

沟通管理是会展项目管理的重要内容。会展项目管理过程中，项目管理团队为了实现项目目标，会不断地通过不同的方式分享信息、交换思想、增进理解。沟通管理就是来确保会展项目信息能够及时且恰当地生成、收集、发布、存储、调用并最终得到适当处置的管理过程。在这个过程中，会展项目经理是核心的沟通管理负责人，需要经常性地与项目团队成员和其他干系人进行沟通。有效的沟通管理能够在各种各样的项目干系人之间架起桥梁，把具有不同文化和组织背景、不同技能水平、具有不同观点和利益的干系人联系起来。

会展项目沟通管理的主要过程包括规划沟通、实施沟通、管理沟通。

第一节 会展项目沟通管理的规划

一、会展项目沟通规划的首要任务

会展项目沟通规划主要是指确定会展项目干系人的信息需求，并安排好与干系人沟通方法的管理过程。在这个过程中，最重要的就是要识别项目干系人。所谓干系人，是指所有受项目影响的人员或组织。识别会展项目干系人，就是要识别出受会展项目影响的所有人员或组织，并且记录其利益、参与情况以及对会展项目产生的影响。

会展项目的沟通规划旨在对项目干系人的信息和沟通需求做出应对安排，要识别和定义干系人需要何种信息、何时需要、如何向他们传递以及由谁传递。虽然任何项目都是需要进行信息沟通，但是不同的项目所需要的信息需求以及信息发布方式可能差别很大。因此，准确地识别项目干系人的信息需求，并确定安排好满足这些需求的适当方法，是决定会展项目成功的重要因素，更是规划沟通的首要任务。

会展项目干系人主要包括参与项目和受项目影响的内外部各方人员或组织。项目发起人、客户、团队成员、参加项目的小组和部门，以及受项目影响的其他人员或组织都是项目干系人。比如会展项目采购管理中，可能会因某项采购任务需要签订合同，那么合同相关方就是关键的项目干系人。

识别会展项目干系人的主要方法有以下两种。

(1) 进行项目干系人分析。项目干系人分析主要是通过系统收集有关项目干系人的信息，并分析各种定量与定性信息，从中发现哪些人的利益会对会展项目发生怎样的影响。识别干系人就是识别出项目干系人的利益、期望和影响，并把它们与会展项目的目的联系起来。通过对会展项目干系人进行分析，也有助于了解项目干系人之间的关系，可以考虑、规划怎样利用这些干系人关系来建立会展项目联盟和伙伴合作，从而提高会展项目成功的可能性。

进行干系人分析，通常应遵循以下步骤：①识别会展项目干系人并编制干系人登记册。先把关键干系人识别出来，这部分干系人包括所有受项目结果影响的决策者和管理者，如会展项目发起人、项目经理和主要客户；再通过访谈关键干系人，来识别其他干系人，直至列出全部干系人。在干系人登记册上，要列出所有干系人的详细信息，包括姓名、在组织中的职位、在项目中的角色、联系方式等，还要列出干系人的主要需求、主要期望、对项目的潜在影响、与项目的哪个阶段最密切相关等。②制订会展项目干系人管理计划。识别出每个项目干系人及其可能产生的影响或提供的支持后，还要把他们分类，制定出相应的管理策略。如果会展项目有很多干系人，就需要对关键干系人进行排序，确定重点沟通对象，以便合理分配精力。对项目干系人进行分组后，就要制定分组管理策略，项目经理必须进行判断，确定哪些信息应列入干系人管理策略中；对需要列入的信息，还要规定其详细程度。这些内容构成干系人管理计划的主要部分。

(2) 进行专家判断。进行项目干系人分析时，为了确保能够识别和列出全部的干系人，通常也需要向具有专业知识和能力的小组或个人寻求专家判断和专业意见。这些具有专业知识和能力的人士包括会展项目的高级管理人员、项目组织中的其他部门、已识别出来的关键干系人、会展产业领域有过项目管理经验的项目经理、会展行业协会专家等。在实际操作中可以通过访谈、焦点小组对话、书面意见征询等方式来获取专家判断。

二、会展项目沟通规划的主要方法

识别出会展项目干系人后，就需要在沟通计划中确定与干系人进行有效率沟通和有效果沟通的方法。有效率沟通是指用正确的格式，在正确的时间提供信息，并且使信息产生正确的信息。有效果沟通是指只提供所需要的信息。如果沟通规划不当，就有可能导致信息传递延误、向干系人传递错位信息或与某些干系人沟通不足等，造成项目失败。

规划有效沟通的主要方法包括以下几种。

1. 对项目干系人的沟通需求进行分析

通过对沟通需求的分析，确定会展项目干系人的信息需求。所记录的干系人信息需求包括信息的类型和格式，以及信息对于干系人的价值。项目沟通的复杂程度往往是由所存在的干系人的数量和类型决定的。

从数量上，如果存在n个项目干系人，就存在总量为$n(n-1)/2$的潜在沟通渠道，比如有12个干系人，就有$12\times(12-1)/2=66$条潜在沟通渠道。

从类型上，会展项目的组织机构构成、项目组织以及干系人职责间的关系、项目干系人所涉及的学科、部门和专业，以及不同的项目干系人分别在什么地点参与项目等，都决定着会展项目沟通路径的复杂性。

在规划项目干系人的沟通需求时，要规划、确定哪些干系人之间进行沟通、沟通哪些信息，也要限制一些干系人之间的信息沟通。会展项目资源要尽可能地用来沟通有利于项目成功的信息，要尽可能地避免传递那些容易造成项目失败的信息，也要尽可能地避免沟通不足。

2. 根据沟通需求确定沟通方法和沟通时机

根据会展项目干系人的沟通需求，确定在哪些项目干系人之间共享哪些信息，并要确定使用何种沟通方法以及如何使用、何时使用，以创造有效沟通。

常用的沟通方法包括交互式沟通、推式沟通和拉式沟通。交互式沟通方式，是指在项目干系人双方或多方之间进行多向信息交换，通常包括会谈、电话会议、视频会议等方式。这是确保全体参与者对某一话题达成共识的最有效的方法。推式沟通，是指把信息发送给需要了解信息的特定接收方，通常以信件、备忘录、报告、电子邮件、传真、新闻稿等方式沟通。这种方法能确保信息发布，但不能确保信息到达目标受众，更不能确保信息已被目标受众理解。拉式沟通，通常包括企业内网、在线培训等，在信息量很大或受众很多的情况下使用。它要求接收方自主自行地获取信息内容。

三、会展项目沟通规划的主要成果

会展项目沟通的主要成果包括以下几项。

1. 会展项目沟通管理计划

基于会展项目的需要，所形成的沟通管理计划可以是正式的，也可以是非正式的，可以是详细的，也可以是概括的。通常，沟通管理计划包含项目干系人的沟通需求、需要沟通的信息、发布沟通信息的原因以及所需信息的时限和频率、负责发布信息的人员、需要沟通相关信息的人员、需要接收信息的个人或小组、发布和传递信息的技术或方法、为沟通所分配的时间和预算、沟通失败时的问题升级上报程序等内容。

2. 会展项目沟通管理的配套文件

除了要形成沟通管理计划外，会展项目沟通规划还要对会展项目干系人登记册、会展项目干系人沟通管理策略，以及会展项目进度计划进行配套更新和完善，形成系统完整的沟通管理文件。这些文件之间在通用术语、项目信息流向、工作流程、制约因素等方面要统一，以便为沟通实施提供文件保证。

第二节 会展项目沟通管理的关键人物和路径

一、会展项目沟通管理的关键人物

在会展项目实施沟通阶段，要把会展项目的所有干系人组织进一个有效的信息沟通系统，这就需要发挥关键性人物的作用。这个关键角色就是会展项目的项目经理。如果把一个会展项目团队比作一个交响乐队，那么项目经理就是这个交响乐团的总指挥。项目经理需要与各种干系人进行总体沟通。项目经理是信息沟通枢纽中的枢纽，如图7-1所示。

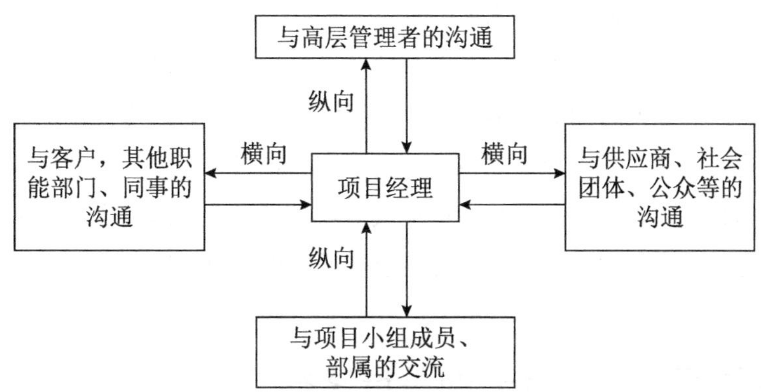

图7-1 项目经理的沟通路向

进行会展项目沟通管理时，项目经理应当遵循的基本原则包括以下几项。

(1) 进行信息沟通前，要用系统思维来辨别和筛选信息，要保证信息传递的有效性，要排除不必要干扰信息的传递，进行有效沟通。

(2) 进行信息沟通时，要综合考虑沟通过程所处的内外部环境，包括团队内部关系、外部社会环境等，以便沟通的信息不脱离实际。

(3) 制订的沟通管理计划应当准确明晰，便于信息接收者的理解，也有利于信息的传递。

(4) 沟通过程要注意吸取各干系人的意见，要尽可能避免冲突，尽可能让沟通过程融洽。

(5) 沟通结束后，要对信息的传递效果进行追踪和反馈，及时调整修正项目沟通计划。

二、会展项目沟通管理的首要任务

实施项目沟通过程中，最为重要的任务是发布信息，这是实施沟通的首要任务。在信息发布时，要依据沟通管理计划的规划内容和程序，也要使用计划中所制定的信息发布模板和操作指南，并要在实施过程中及时记录信息传递的经验教训。

进行信息发布时，通常采用的方式有个别会谈、集体会议、视频会议、电话会议、在线聊天或其他远程沟通方法；也有纸质文件、新闻发布、共享电子数据库、网络出版物、电子邮件、传真等方式。

发布信息后，要对实施沟通的过程进行记录，记录的内容包括以下几项。

首先，要有及时的项目信息传递记录。这类项目记录可包括往来函件、备忘录、会议纪要以及描述项目情况的其他文件。这类项目记录应该尽可能以适当方式、有条理地保存这些信息。项目团队成员也可以在自己的项目笔记本或登记册(纸质或电子的)中保留相关记录。

其次，要及时记录项目干系人的反馈意见。及时记录和总结信息发布过程中的经验教训，有助于调整或提高会展项目的未来绩效。这类经验教训文档主要包括问题的起因、所选纠正措施的理由，以及有关信息发布的其他经验教训。在实施沟通的过程中，及时记录和发布经验教训，可以使它们成为本项目和执行组织的历史数据的一部分。

最后，要及时形成项目沟通进展报告。会展项目报告包括经验教训报告、问题日志、项目收尾报告和其他知识领域的总结。这类关于项目进展的状态报告有助于及时地为项目沟通管理提供更新的过程了解，有助于提高会展项目管理的针对性。

三、会展项目沟通管理的关键路径

不同类型沟通方式的沟通效果不相同。具体的沟通方式需要根据会展项目的特征并结合不同项目进展时段进行综合选择。

常见的沟通关键路径包括以下几项。

1. 上行沟通、下行沟通和平行沟通

(1) 上行沟通，是指通过会展项目组织的结构层级，自下而上传递信息的一种沟通形式。上行沟通可以是由下层向上层逐级传递，也可以是越级传递，即适当减少中间层级，让项目高层管理者与一般团队成员直接进行沟通。

(2) 下行沟通，是指通过会展项目执行组织的结构层级，由高层管理人员向基层执行人员传递信息的一种形式。下行沟通具有一定的权威性，项目负责人通过该方式可以将项目目标、计划方案等信息传达给基层成员，对团队面临的一些具体问题提出处理意见，以指导和激励团队成员。

(3) 平行沟通，是指在会展项目执行组织中各平行部门之间传递信息的一种交流方式。平行沟通能够减少部门之间因信息传递渠道不畅而产生的矛盾和冲突。

2. 书面沟通和口头沟通

(1) 书面沟通，主要是指用书面文件的形式进行信息传递和交流，如项目手册、文件、信件、备忘录等方式，这是一种较为正式的沟通方式。书面沟通的优点是可以长期保存、反复查阅传递的信息。

(2) 口头沟通，主要是指用口头交流的形式进行信息传递。口头沟通既可以面对面进行，也可以通过电话、视频等方式进行。口头沟通是所有沟通形式中最为直接的，能快速传递信息并及时得到反馈，但由于缺乏书面记录，会有信息存档和查阅的不便。

3. 单向沟通和双向沟通

(1) 单向沟通，是指沟通的一方只发送信息，另一方只接收信息，此过程不产生交流和反馈，如发布指示等。单向沟通时，信息传递速度快，但因为缺少沟通交流，会造成信息的准确性较差。

(2) 双向沟通，是指双方同时都是信息发送者和接收者，不断进行信息交流和反馈，如谈话和协商。双向沟通时，信息传递的准确性较高，有助于双方在沟通过程中平等交流，但由于引入了交流过程，会减缓信息传递的速度。

第三节 会展项目沟通管理的难点

一、会展项目沟通的干系人管理

会展项目干系人的信息需求是沟通管理的主要对象，干系人的参与影响着项目的全过程。会展项目的管理沟通，就是要管理干系人的期望，即针对项目干系人开展沟通活动，以影响他们的期望，处理他们的关注点并解决问题。

管理会展项目干系人的期望，是要从干系人的需求和期望中，了解干系人的目标、目的和所需要的沟通层次。常见的管理干系人期望的主要方式有以下几种。

1. 依据项目沟通管理计划的规定

在沟通管理计划中，已经对干系人的需求和期望进行识别、分析和记录。因此，管理干系人期望时，首先要依据沟通管理计划的规定来进行沟通。但是，对于项目干系人的需求变化，要及时在沟通管理计划中进行更新。例如，有些沟通可能不再必要，或者某个无效的沟通方法可能要被另一个方法取代，或者要增加一个新的沟通需求。因此，在依据沟通管理计划时，也要注意及时更新干系人需求和期望。

2. 建立良好的人际关系

项目经理是管理干系人期望的主要角色，需要项目经理掌握一定的人际关系技能，建立恰当的、良好的人际关系，从而实现对干系人期望的管理。这类人际关系技能包括建立信任、解决冲突、积极倾听等。

3. 使用一定的管理技能

所谓管理，是指指导和控制一群人，以便协调他们的行为，来完成任务目标。管理干系人期望时，项目经理需要使用一定的管理技能来实现指导和控制干系人的期望。这类管理技能包括谈判技能、写作技能、演说技能等。

二、会展项目沟通的冲突管理

在会展项目沟通中，营造良好的沟通环境是信息传递的重要保证。但是，在会展项目实施过程中，总会发生一些不可避免的冲突，影响到沟通效果和团队氛围。在面对冲突时，项目经理作为核心的管理人员，需要组织团队成员处理好这些不利影响，做好冲突管理。

有效倾听、合作协调、避免不良情绪的发生和蔓延，是重要的沟通技巧，也是处理冲突问题的基本立场。沟通是一个信息发送、接收和反馈的综合过程。表达、倾听、接收是信息编码、传递、解码的重要环节。认真倾听可以拉近交流者之间的距离，营造良好的沟通氛围，使沟通过程更加有效。合作的态度、良好的情绪也有利于沟通的顺利进行。

当发生冲突时，项目经理是核心的解决人员，需要坚持以下几项基本原则。

(1) 首先，项目经理在处理冲突时，应该认识到冲突是正常的，冲突因团队的存在而存在。解决冲突时，项目经理要对事不对人，着眼于现在而非过去。

(2) 解决冲突，必须要给出解决方案，不论怎样的冲突问题，开诚布公是解决冲突的基本立场。根据冲突的相对重要性与激烈程度、解决冲突的紧迫性等来确定冲突的处理顺序，尽早、尽快解决紧迫性的冲突问题。

(3) 解决冲突时，需要综合考虑不同的观点和意见，引导各方达成一致意见并加以遵守，要寻找能让全体当事人都在一定程度上满意的方案，强调一致而非差异地解决问题。在无法取得各方统一的情况下，需要考虑以牺牲一方为代价，推行另一方的观点，或者考虑让冲突的某一方从实际或潜在冲突中退出，以取舍的态度来解决冲突。

三、会展项目沟通的绩效管理

会展项目沟通管理最终要进行项目沟通绩效评价，常见的方式有以下几种。

1. 形成沟通绩效报告

通过定期收集、对比和分析会展项目沟通管理计划和实际沟通效果之间差距的信息，了解会展项目沟通的进展情况，做出阶段性评价，形成沟通绩效报告。绩效报告应该定期发布，可以是简单的状态报告，也可以是详细的描述报告。

2. 形成项目沟通的经验文档

通过收集实施沟通过程中发生问题的起因、解决问题的措施以及效果评价等，形成会展项目沟通管理的经验教训文档，使之成为优化会展项目沟通的必要文件。

3. 形成更新的项目管理计划

项目沟通是项目管理过程的一个部分，沟通管理绩效影响着项目整体的效率和效果。沟通管理中发生的进展、问题，经过评价后需要在会展项目管理计划中及时更新，保证会展项目沟通管理子计划与会展项目管理整体计划之间的一致。

复习思考题

1. 会展项目沟通规划的首要任务是什么？
2. 会展项目沟通规划的主要方法是什么？
3. 会展项目沟通管理的关键人物是什么？
4. 会展项目沟通管理的关键路径是什么？
5. 会展项目沟通管理的首要任务是什么？

第八章 会展项目质量管理

学习目标

理解和掌握会展项目质量管理的基本内容；会展项目质量计划的内容和方法；会展项目质量保证的内容和方法；会展项目实施质量控制的内容和方法。

基本概念

会展项目质量管理；会展项目质量控制。

会展项目质量管理是会展项目管理团队确定质量政策、目标与职责的各过程和活动。通过对会展项目质量管理环节，使会展项目满足其预定的需求。会展项目质量管理是为了确保项目达到预定需求，采用适当的政策和程序所实施的一系列管理过程。

会展项目质量管理的各过程主要包括三个环节。

一是编制会展项目质量管理计划。在这个工作环节，会展项目管理团队要识别会展项目及其成果产出的质量要求和标准，并且要书面描述如何达到这些要求和标准。

二是实施会展项目质量保证。在这个工作环节，会展项目管理团队要审计项目产出成果的质量要求，确保采用合理的质量标准和操作性定义。

三是实施会展项目质量控制。在这个工作环节，会展项目管理团队要监测并记录执行质量活动的结果，从而评估绩效并建议必要变更的过程。

第一节　会展项目质量管理概述

一、会展项目质量管理的基本作用

无论什么样的会展项目，未达到项目质量要求，都会给某个或全部项目干系人带来严重的负面后果。因此，会展项目质量管理是否到位和达标，直接影响着项目整体的工作绩效。

会展项目质量管理的积极作用在于以下几点。

1. 有利于节约会展项目开发的成本

会展项目质量管理目标是确保达到既定的要求与标准。有效的质量管理能够减少质量上的瑕疵或避免未达标的可能，从而减少会展项目质量上的损失，这样能降低会展项目开发和实施的成本。

2. 有利于增强员工的凝聚力

员工是会展项目工作组织的基础，质量是会展项目成功的保证。在会展项目运行过程中，工作流程做到了程序化、标准化和规范化，不仅能提高会展项目的质量，更能提高会展项目工作组成员的士气，增加凝聚力。

3. 有利于提高会展项目工作组的声誉

任何已交付使用的会展项目，在质量上的瑕疵，哪怕是很小的，也会使项目工作组的声誉受损。积极开展会展项目质量管理工作，尽早发现会展项目质量上的问题并加以改进，可以使会展项目得到改善，并能树立起项目管理团队的良好的社会声誉。

4. 有利于更好地满足客户的需求

会展项目质量管理的最终目的是要满足客户需求。在会展项目质量管理过程中，尽可能使用事前、事中和事后三道质量检验与控制程序进行项目质量管理，使所实施项目的质量得到全面的保证与控制，最终使客户获得满意。

二、会展项目质量管理的基本原则

为了确保会展项目成果达到客户要求的质量目标，实施会展项目质量管理时，要遵循现代企业科学管理的质量管理原则和方法，来实施会展项目关于质量目标的一系列计划、协调和控制活动，确保会展项目质量满足事先所规定的要求。

会展项目所采用的质量管理基本方法，要力求与国际标准化组织(ISO)的方法相兼容，要与戴明、朱兰、克劳斯比和其他人所推荐的专有质量管理方法相兼容，以及与全面质量管理(TQM)、六西格玛、失效模式与影响分析(FMEA)、设计审查、客户声音、质量成本(COQ)和持续改进等非专有方法相兼容。在此不一一详列，仅对国际标准化组织的方法加以强调。

ISO 9000标准体系的内容原则是会展项目质量管理的重要原则，具体包括以下几个原则。

1. 以客户为中心

会展项目质量管理团队的生存依赖客户的需求。理解客户当前和未来的需求，满足其合理的要求，并不断超越其期望是会展项目质量管理团队的首要任务。在会展项目质量管理过程中，客户的需求是每一个会展项目质量的标准和前提。所以，会展项目质量管理团队应仔细调查和研究客户的需求与期望，并把它转化为会展项目质量标准与要求，同时采取有效措施积极实现。此原则不仅是项目经理的职责，更要在整个项目工作中被坚决贯彻与执行。

2. 领导导向作用

作为会展项目质量管理团队的最高领导，项目经理必须将本组织的宗旨、外部环境和内部条件有机地相互统一，制定出工作组的长远规划和近期目标，并营造一个使员工能够充分参与其中的组织环境。在会展项目质量管理过程中，项目经理是整个项目工程质量的最高管理者，决策、领导并监督一个项目的质量工作。为了营造一个良好的环境，项目经理应该确立项目质量方针和质量目标，建立并实施一个有效的质量管理体系，确保客户需求得到满足。同时，项目经理应该在质量管理过程中做到透明、务实，并以身作则，树立“项目质量第一”的信念。

3. 全员共同参与

会展项目的质量管理不仅需要项目经理的正确领导，更有赖于会展项目质量管理团队全体成员的积极参与，没有他们对项目质量的保证，难以有符合标准的项目工程。所以，不仅要对全体员工进行项目质量知识体系、职业道德、以客户需求为中心的意识和敬业精神的教育，更要激发他们对质量管理的积极性和责任感。

4. 实行过程方法

将会展项目质量管理所需的相关资源与活动作为过程进行管理，可以更高效地得到期望的结果。项目管理国际标准1SO 10006提供了10个过程，在项目质量管理过程中，根据客户的实际需求，通过资源合理配置、职责协调分配及业务流程的管理等，同时，信息及时反馈，提供给客户一个满足其质量要求并符合质量标准的项目结果。

5. 运用系统理论

针对所设定的会展项目质量目标，把从项目质量计划、质量保证到质量控制，以及最终项目质量审核的一系列过程视为一个相互关联的系统过程。在整个系统过程中，实施全面质量管理，有助于提高项目实施的效率和有效性。最后，所实施的项目既达到有关的规定和标准，同时又能满足客户的需求。

6. 基于事实为基础

在会展项目质量保证和控制过程中，会展项目质量管理团队对于每一个质量问题不仅应及时做好纠错工作，还应该记录在案，作为文档保存下来，这有助于提高以后项目的开发工作。

7. 持续改进质量

持续改进质量是会展项目质量管理团队的一个永恒目标。在会展项目实施前，首先应确定用户的质量要求，制订相应的项目质量计划；其次，在会展项目实施过程中，依据此计划书和相关项目质量标准和规则，会展项目质量管理团队要进行必要的项目质量保证和控制、审核，以及不断改进项目实施过程中产生的质量问题，最终达到用户要求，使会展项目获得成功。

三、国际标准化组织的项目质量管理过程

国际标准化组织(ISO)是由各国标准化团体(ISO成员团体)组成的世界性联合会。ISO 10006项目管理国际标准颁布于1997年，其内容是基于美国项目管理协会PMI的PMBOK(项目管理知识体系指南)，并做了必要的补充。

该标准将项目管理过程共划分为10个过程，具体如下所述。

1. 总体目录

ISO 10006的总体目录，如表8-1所示。

表8-1　ISO 10006的总体目录

序号	目录
1	范围
2	引用标准
3	定义
4	项目特征
4.1	总则

(续表)

序号	目录
4.2	项目管理
4.3	组织
4.4	项目阶段和项目过程
5	项目管理过程的质量
5.1	总则
5.2	战略过程
5.3	依赖性管理过程
5.4	与范围有关的过程
5.5	与时间有关的过程
5.6	与成本有关的过程
5.7	与资源有关的过程
5.8	与人员有关的过程
5.9	与沟通有关的过程
5.10	与风险有关的过程
5.11	与采购有关的过程
6	总结项目经验

2. ISO 10006中的项目管理过程提要

ISO 10006中的项目管理过程提要，如表8-2所示。

表8-2 ISO 10006中的项目管理过程提要

过程	说明	条款
(1) 战略过程		
战略过程	设置项目方向及管理项目其他过程的实现	5.2
(2) 依赖性管理过程		
项目提出和项目计划制订	评价顾客及其利益相关者的要求，准备项目计划，提出其他过程	5.3.1
交互管理	在项目进展中管理相互影响的工作	5.3.2
变更管理	整个项目的进程中预测变更并管理变更	5.3.3
关闭	结束过程并获得反馈	5.3.4
(3) 与范围有关的过程		
概念开发	概述项目产品的用途	5.4.1
范围开发和控制	将项目产品的可测量特性用文件描述，并对其进行控制	5.4.2
活动定义	确定为达到项目目标所需的活动及步骤，并形成文件	5.4.3
活动控制	控制项目中所执行的实际工作	5.4.4
(4) 与时间有关的过程		
编制活动相互关系计划	确定项目各项活动间的内部关系、逻辑交互关系及依赖性	5.5.1
持续时间估计	依据具体条件及资源要求，估计各项活动的持续时间	5.5.2

(续表)

过程	说明	条款
进度计划编制	按总体和详细的进度计划框架，将项目的时间目标、活动的相互关系和持续时间联系起来	5.5.3
进度计划控制	落实提出的进度计划，或采取适当的措施挽回拖延的时间，控制项目活动的实施	5.5.4
(5) 与成本有关的过程		
成本估计	编制项目成本估计值	5.6.1
预算	利用成本估计的结果提出项目预算	5.6.2
成本控制	控制各项费用及控制项目预算偏差	5.6.3
(6) 与资源有关的过程		
资源策划	识别、估计、计划和分配所有的相关资源	5.7.1
资源控制	对照资源计划，比较实际使用情况，必要时采取措施	5.7.2
(7) 与人员有关的过程		
组织结构界定	确定适合项目需要的组织结构，包括明确项目的有关人员及界定职责和权限	5.8.1
人员分配	选配具有相应能力的人员以适应项目的需要	5.8.2
团队开发	开发个人及项目组的技能及其他能力，促进项目的运作	5.8.3
(8) 与沟通有关的过程		
沟通规划	规划项目的信息和沟通系统	5.9.1
信息管理	将必需的信息提供给项目组织的成员及其他有关利益相关者使用	5.9.2
沟通控制	按计划的沟通系统来控制沟通活动	5.9.3
(9) 与风险有关的过程		
风险识别	识别项目的风险	5.10.1
风险评定	评估风险发生的概率及风险事件对项目的影响	5.10.2
风险应对开发	制订风险应对计划	5.10.3
风险控制	实施及更新风险计划	5.10.4
(10) 与采购有关的过程		
采购规划和控制	确定和控制要采购的产品及采购的时间	5.11.1
采购文件的要求	汇编商业条件和技术要求	5.11.2
承包商评价	评价并确定邀请哪些承包商投标	5.11.3
签订承包合同	招标、投标评价、谈判、编写并签订分承包合同	5.11.4
合同控制	确定承包商的工作满足合同要求	5.11.5

第二节　会展项目质量计划编制

会展项目质量管理计划编制是会展项目质量管理规划阶段的重要工作。作为会展项目整体管理计划的一部分，编制质量管理计划是确定会展项目应达到的质量标准，以及达到质量标准所需计划的安排，其目的主要是确保会展项目的质量能够符合标准并满足用户需求，关键在于确保会展项目在计划期内按质按量地完成，同时处理协调好与其他计划之间的关系。

会展项目质量计划的编制是以书面形式确定与项目相关的质量标准，并决定采用达到标准的方法与策略。它是会展项目总体计划的主要组成之一，并与其他项目计划的编制同步。根据具体会展项目所需的质量要求，在会展项目质量计划中着重提出一些重要环节的计划性方案，以加强对它们的检验与控制。

一、会展项目质量计划编制的基本内容

会展项目质量计划是针对具体会展项目的质量要求，以及对重点环节的控制，如采购、设计、项目实施、检验等所编制的质量保证与控制的计划性方案。会展项目质量计划通常是自上而下分解会展项目质量管理工作结构而得到的。会展项目质量计划可在项目工作组内部使用，作为项目开发工作的前提条件；也可用于向客户证明其满足合同质量要求的计划安排。

1. 具体内容

会展项目质量计划一般至少包括以下几项内容。

(1) 确定会展项目应达到的一般质量目标，以及一些特殊要求。

(2) 确定会展项目质量管理中的一般质量控制程序和应急程序，并配备相应的资源。

(3) 确定会展项目质量管理所采用的一般控制手段，以及合适的验证手段和方法。

(4) 确定并准备会展项目质量管理记录程序和责任人等。

会展项目质量计划并不是一个单独的文件，而是由一系列文件组成的。会展项目工作组每位成员都应意识到现代项目质量管理的基本宗旨，即会展项目质量首先出自项目质量计划，而不是出自检查或事后检验。

2. 编制步骤

一般而言，会展项目质量计划编制的主要步骤包括以下几项。

(1) 确定目标，包括要保证项目质量确定完成的期限。

(2) 满足要求，包括要确定合适的质量管理体系、保证项目标准、保证业主需求、保证执行全过程项目质量管理。

(3) 拟定前提，包括拟定会展项目质量方针、会展项目范围说明、会展项目产品描述、会展项目标准和规范以及其他质量要求。

(4) 运用方法分析，包括成本收益分析法、基准比较法、系统流程图、因果图、试验设计法。

(5) 输出计划，包括会展项目质量计划、具体操作说明以及各种检查表。

(6) 实施计划，包括会展项目质量控制、会展项目质量保证以及会展项目质量审核。

3. 编制原则

编制会展项目质量计划要遵循如下几项原则。

(1) 建立适合于该会展项目的质量管理体系。

(2) 明确会展项目质量计划中所涉及的有关该项目的所有质量活动，并适当进行权责分配。

(3) 在会展项目质量计划中，要有项目质量保证和质量控制的要求，以及所要达到的目的。

(4) 会展项目质量计划的编制工作应该在项目合同的签约前或投标前完成。

(5) 用户对会展项目质量的要求和期望尽可能在项目质量计划中反映出来。

(6) 会展项目质量计划的编制工作要在有关总技术负责人的主持下进行，由项目工作组中相关各部门技术责任人共同参与制订，由项目工作组最高管理领导批准生效。

(7) 会展项目质量计划在格式、文风和语法上要有明确性和易读性。

(8) 会展项目质量计划中的具体内容要有可操作性。

(9) 不能脱离会展项目及外部环境的实际情况，符合实际是会展项目质量计划的基本前提。

(10) 会展项目质量计划是项目工作组与客户协商一致的项目初始合作的结晶。

二、会展项目质量计划编制的基本依据

在会展项目开始前，项目质量计划就应由项目经理和项目组成员共同草拟制订，以确定会展项目质量怎样实现，并确定在会展项目实施过程中如何保证、控制项目质量。

一般而言，会展项目质量计划的编制前提应遵循的依据有会展项目质量方针、会展项目范围说明、会展项目产品或服务描述、会展项目标准与规范和会展项目其他项目管理信息等。

1. 会展项目质量方针

会展项目质量方针是由会展项目工作组的最高管理领导正式发布的有关该组织关于质量的总宗旨和总方向，体现了会展项目工作组全体成员的质量意识和质量追求，是全组内部的行为准则；同时，又体现了顾客期望及承诺兑现。会展项目工作组的下属各部门主管

以及每个职工都应根据项目质量方针，分别制定出各自的项目质量管理目标，作为个人的考核依据。必须指出的是，项目质量方针应符合会展项目的总体方针，并与其他方针相互协调一致。会展项目的质量方针应精炼、准确、易记忆理解，并具有会展项目的特色，对内要有激励与凝聚作用，对外又要有吸引力。

2. 会展项目范围说明

会展项目范围说明是会展项目质量计划编制的关键依据，它用书面形式说明了最终向客户交付的项目成果以及这些成果所需达到的目标程度，包括要求达到的质量标准和客户的需求。由于会展项目范围说明了客户需求和会展项目的主要目标，其重要组成部分是对整个项目的描述。若把整个项目合理科学地进行阶段划分，则更有利于加强会展项目的质量管理。

3. 会展项目产品或服务描述

会展项目产品或服务描述的相关要素可能在会展项目范围说明中予以概括性地叙述，然而，产品或服务的描述通常还包含有关项目更为详细的技术要求和质量标准，并着重在编制质量计划过程中予以说明。作为会展项目工作组的管理层必须考虑到项目产品描述中可能的影响因素，特别是对于那些在特殊应用领域中的项目管理工作。

4. 会展项目标准与规范

各项有关会展项目技术标准、管理标准、工作标准，以及各种其他规章制度、标准和规范，都是会展项目质量计划编制的依据和基础。没有标准和规范就无法有效地进行标准化管理，进行有效的会展项目质量管理就必须形成与项目有关的一套质量标准和规范。

5. 其他项目管理的信息

除了上述会展项目质量方针、会展项目范围说明、会展项目产品或服务描述、会展项目标准与规范以外，其他有关项目管理的信息也会对会展项目质量计划的编制产生影响。例如，在采购计划中就要表明所采购物品的质量要求，这些要求将影响到会展项目质量管理计划中其他事项的质量要求。再如，在会展项目工作组的人力资源计划中需要明确划分相关质量岗位的权责，这同样是会展项目质量管理计划编制的依据与基础。

三、会展项目质量计划编制的方法

1. 成本/收益分析法

所谓成本/收益分析法，就是从经济角度出发，通过对会展项目费用和收益进行仔细划分、量化和对比等步骤，计算出若干评价指标，以确定该项目净贡献的一种经济评价方法。在项目管理过程中，项目的质量与项目所获得的经济效益或所消耗的成本是相互依存、相互制约的两个方面，并不是项目的质量越高，项目开发所获得的经济效益就一定高。一般而言，项目所要达到的质量程度与所获得的经济效益或所消耗的成本之间有一个平衡点，即提高的项目质量超过此平衡点时，则意味着该项目成本将要大大增加，同时所获得的收益将大幅度下降，甚至零收益。所以，在项目质量计划编制过程中，管理当局必须考虑项目的质量程度和收益与成本之间如何达到平衡。

通常，成本/收益分析法可根据具体情况采用下述三种方式：①当效益相同时，比较各方案的成本，少则为佳；②当成本相同时，比较其收益，多则为佳；③在成本与收益都相对变化的条件下，比较收益与成本的比率，高则为佳。

会展项目管理的成本/收益分析法，一般采用现金流折算法，它在考虑成本与收益的同时，也考虑到时间因素和风险因素，其中主要评价指标是净现值，把项目方案实施的成本及产生的收益都用一定的贴现率折算为现值来进行比较，收益和成本的差额即为净现值(NPV)，其计算公式为

$$\mathrm{NPV}=\sum_{j=1}^{n}\frac{b_j}{(1+i)^j}-\sum_{j=0}^{n-1}\frac{c_j}{(1+i)^j}$$

式中，n——项目生命期(年)；

b_j——第 j 年的收益(j=1，2，…，n)；

c_j——第 j 年的成本(j=0，1，…，n−1)；

i——贴现率。

2. 基准比较法

基准比较法是通过与其他同类会展项目的质量管理情况之间的相互比较，特别是将现计划中的项目质量管理问题与已实施过的项目质量情况做比较，为在项目实施过程中提高项目质量提供一个可行的范本，这样不仅可以杜绝某些项目质量问题的再度发生，还可以进一步提高项目的质量。作为被比较的其他项目可以是同一项目工作组所做的项目，也可以是不同项目工作组所做的项目；可以是同一应用领域范围内，也可以是不同领域范围内；还可以是国际上成功的项目质量管理标杆。

3. 系统流程图

系统流程图，又称处理流程图，是由一组箭线联系若干相互作用因素的关系图，其充分描述了项目系统中各个阶段是如何相互关联的，如图8-1所示，它能帮助项目工作组计划人员预测项目将在何处可能发生某种质量问题，以便及时采取措施进行有效

的处理。

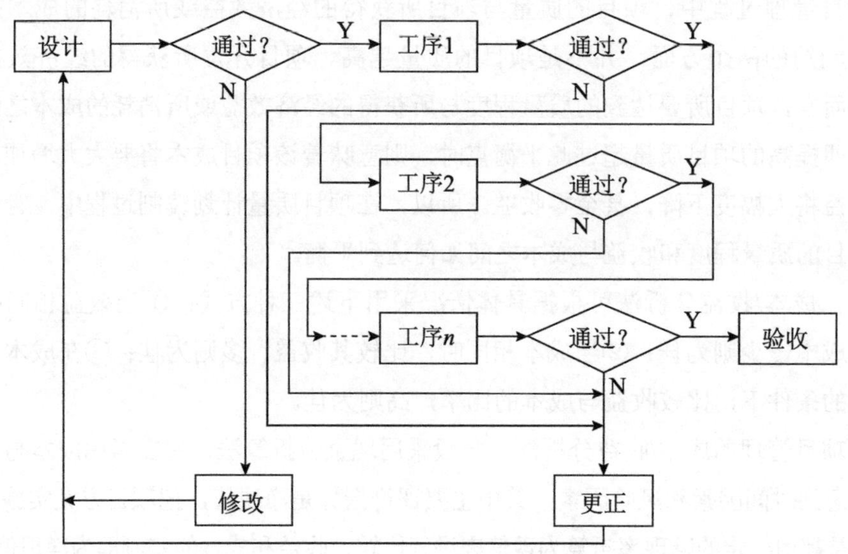

图8-1　系统流程图

4. 因果图

会展项目实施过程中所发生的质量问题往往是由多种因素造成的，而对于发生问题的“结果”，常用某个特性或指标来表示。为描述分析特性与各个因素之间的关系而采用的树状图被称为因果图(或鱼刺图)，如图8-2所示。它是日本质量管理学者石川馨在1943年提出的，又称之为石川图。因果图把影响产品质量的诸多因素之间的因果关系清楚地表示出来，一目了然，便于采取措施解决问题。在会展项目质量管理过程中，可以用因果图来说明项目开发过程中各种产生质量问题的直接或间接原因，与其所产生的潜在因素和影响之间的关系。

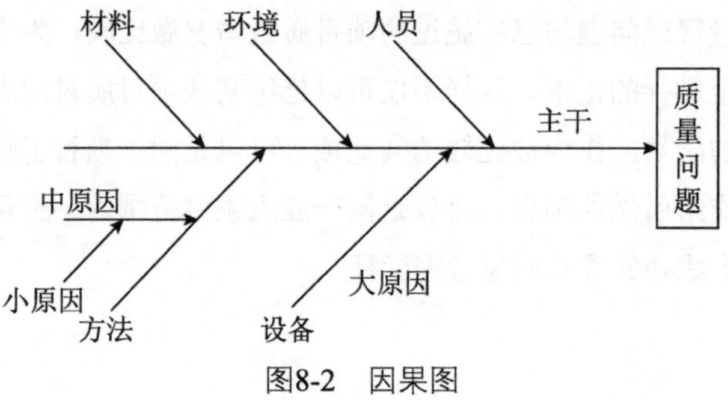

图8-2　因果图

5. 试验设计法

试验设计法有助于鉴定哪些相关质量变量能对整个项目的成果产生最大的影响。这种分析方法最初被用于项目产品分析方面，现在，这种方法同样也能用于诸如成本、质量和进度计划平衡的项目管理工作。试验是检验新项目各阶段工作质量的主要手段，同时，试验本身的质量也会影响到被检验工作质量的效果。

第三节　会展项目质量保证

作为会展项目质量管理过程的一部分，会展项目质量保证依据于会展项目质量计划，并贯穿整个项目实施的全过程之中，是一项有计划、系统性的活动，为整个会展项目质量体系的正常运作提供了可靠的保证措施。

会展项目质量保证不仅要求在项目运行过程中不出现项目质量上的瑕疵，还要保证会展项目能够达到客户的期望值，使客户得到满意的项目使用价值。为达到这些要求，就必须从了解客户需求和项目实际情况出发，有目的、有计划、有阶段性地对整个项目开展质量保证工作。

一、会展项目质量保证的基本内容

作为会展项目质量管理过程的一部分，会展项目质量保证是在会展项目实施过程中，定期评价所实施项目的质量指标，并提供相应的证明，以确定该项目的确达到了所要求的质量标准并满足了客户的要求。简而言之，项目质量保证是针对会展项目实施过程中的整个质量管理的活动，即在项目实施过程中进行持续不断的度量、检验、评价、调整或更改。

会展项目质量保证一般包括确定会展项目质量标准、规范质量控制流程，以及建立会展项目质量评价体系等。

会展项目质量保证是项目质量管理的一个较高层次，是对整个项目实施过程的质量管理工作。一般有两种类型的项目质量保证：一是向项目工作组提供的内部项目质量保证；二是向客户或有关检查人员提供的外部质量保证。

实施会展项目质量保证，要运用全面质量管理的系统观点和方法，即“三全”理论——全面的质量、全过程的质量管理和全员参加，各部门、人员之间相互协调一致，形成一个既有明确职责和权利，又能相互协作、相互促进的质量保证体系，使质量管理工作制度化、系统化和标准化，从而在项目交付使用时使客户满意。

二、会展项目质量保证的基本依据

会展项目质量保证工作的开展应遵循的依据有以下几项。

1. 会展项目质量计划

项目质量计划是会展项目质量管理的最初阶段，有了项目质量计划，才能在会展项目实施过程中进行全过程的质量管理保证。越是详细、精准的会展项目质量计划，其所涉及的项目质量保证所花费的代价越少。会展项目质量计划在满足客户需求的前提下应先编制完成。根据会展项目质量计划的详细要求，在项目实施过程中有的放矢地完成质量保证工作。

2. 实际项目质量控制度量的数据

具有精确的项目质量控制度量的数据是提高会展项目质量保证工作效率的前提。这些数据是在会展项目质量控制中所获得的一系列有关项目质量的检测结果，常用分析与比较方法来检验。一旦发现所得到的数据偏离项目质量计划所规定的且又被证实是所实施的项目质量的确有问题，则立刻采取有力措施去解决。根据所测到的结果，针对不同的问题采取不同的措施，严格把好会展项目质量保证这一关。

3. 会展项目质量的工作说明书

会展项目质量的工作说明书是以书面形式对项目质量管理工作各个环节的任务及内容进行详细说明，其明确权责、任务清晰，有助于质量管理工作的顺利开展。

三、会展项目质量保证的方法

会展项目质量保证的方法一般可以采用预先计划、检验手段、分层法和会展项目质量审核等。

1. 预先计划

在编制质量计划时，应预先估计可能出现的会展项目质量问题，再做出判断，并采取合理的、科学的纠正措施，独立地编写质量保证大纲。需要注意的是，必须明确质量保证的范围和等级，力求各项内容适当。倘若质量保证范围小了，等级低了，则会造成会展项目质量保证的要求达不到标准；反之，则会增加全面质量管理的工作量和成本费用。

2. 检验手段

在会展项目质量保证过程中，可以采用一些质量测试、检查、试验等检验手段，以证实所实施项目的质量是否与预期标准或要求相符。针对不同的会展项目，所采用的检验手段也应不同，有的只能做抽样试验，而有些一定要用彻底检查的方式。

3. 分层法

所谓分层法就是把混杂在一起的不同类型数据按不同的目的分类，把性质相同且在同一种条件下收集的数据归并成一类，即将数据分类统计，以便更好地找出数据统计规律。如图8-3所示，初始时很难发现原来点子的分布规律，经按因素甲和因素乙两种分层后，因素甲呈现弱正相关倾向，而因素乙呈现弱负相关倾向。

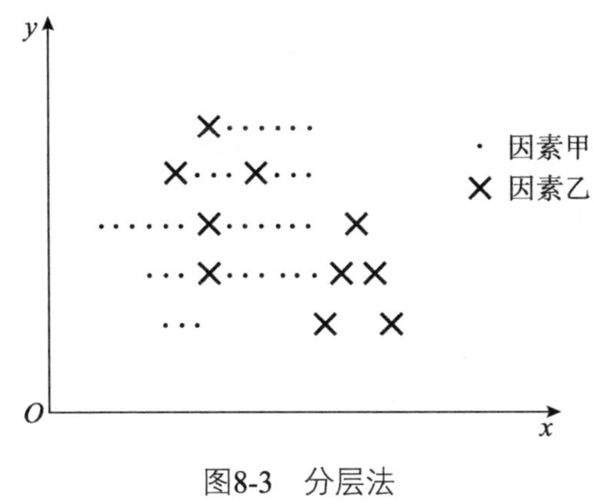

图8-3　分层法

4. 会展项目质量审核

项目质量审核是为了评审并核实会展项目质量活动及其相关结果是否符合项目质量计划的安排，而进行系统、独立的活动，并形成相应文件的过程。通常，通过项目质量审核，可以检验所开发的会展项目是否达到项目的质量标准体系，是否满足客户合理的质量要求；同时，可以督促责任部门对一些有问题的地方适时采取预防或纠正措施，使之符合所规定的质量计划。

5. 其他方法

会展项目质量保证还有其他方法，诸如用于会展项目质量计划编制的绝大多数方法都可以被用于会展项目质量保证中。

第四节　会展项目质量控制

在会展项目运行过程中，实施项目质量控制，能够及时发现项目的质量问题，降低项目运行成本，减少资源浪费，从而获得项目收益的最大化。对于任何会展项目的开发，科学合理的项目质量计划是基础，严格的项目质量控制是实施项目的保障。一旦项目出现质量问题，将会造成项目工作组在经济上的损失，甚至会影响其声誉。

一、会展项目质量控制的基本内容

会展项目质量控制是根据项目质量计划所描述的要求与标准，检验或监督项目开发过程中每一道工序的实际实施情况，以确定是否与既定的要求和标准相符合，分析其原因并加以改进。简言之，会展项目质量控制，就是在项目开发进程中不断地检查项目是否有质量问题，并持续改进的过程。

会展项目开发过程中，质量控制是整个项目最终实现的关键。在会展项目质量管理过程中，有关人员应该具备一些基本的统计质量控制的知识，特别是抽样检查和概率论等方面的知识，便于评价质量控制结果；同时，也应该厘清一些基本的概念，包括如下几个基本概念。

(1) 预防和检查。预防是为了将质量瑕疵排除在项目开发过程之外，是开发项目的事先行为；检查则是开发项目的事后行为，是指尽可能在客户签收项目前，查找出该项目存在的质量问题。预防胜于检查，这是现代质量管理的基本信念之一。质量是规划、设计和建造出来的，而不是检查出来的。预防错误的成本通常比在检查中发现并纠正错误的成本少得多。

(2) 偶然因素和关键因素。偶然因素的类别繁多，其是对会展项目质量经常起作用，但对项目质量的影响并不大的因素。偶然因素引起的差异又称随机误差，这类因素不易识别，也难以消除，或在经济上不值得消除。而关键因素对会展项目质量的影响较大，可能会使项目不符合质量标准或客户需求，但关键因素较为容易识别，应尽可能加以避免。

(3) 偏差和控制线。偏差是指会展项目实施过程中每一阶段的实际结果与计划结果之间的差异；控制线是指会展项目实施过程中每一阶段结果与计划结果的最大差异。会展项目实施过程中的偏差如果在控制线之内，表明项目的实施尚在控制之中，是可以接受的，只要稍微做到有效改进，项目开发仍可继续。

二、会展项目质量控制的基本依据

会展项目质量控制的依据一般有法律、规章制度及标准，项目质量计划，质量管理工作结果，检查表等。

1. 法律、规章制度及标准

一切项目质量控制都必须遵照有关项目开发方面或有关质量管理方面的法律、规章制度及标准。法律、规章制度及标准是项目质量控制的基本依据。

2. 项目质量计划

项目质量计划包括几乎所有有关该会展项目过程中的质量管理标准，而且此计划是在满足客户需求的前提下实施的。所以，项目质量控制应该依据会展项目质量计划去实施。

3. 质量管理的工作结果

在会展项目实施过程中，前一道工序质量管理工作的结果应该是后一道质量管理工作的依据和前提，这样使质量管理工作具有连续性、完整性和科学性。在有些项目开发中，没有前一道工序质量管理工作的结果，意味着后一道工序质量管理是无源之水。

4. 检查表

检查表又称调查表或分析表，是用表格形式来进行数据整理和粗略分析的一种方法。常用的检查表有缺陷位置检查表、不合格成果分项检查表、频数分布表等，它是项目质量计划的产物。

5. 其他方面

只要有利于会展项目质量控制的一切方法与技术都可以作为会展项目质量控制的依据。不同项目主体的质量控制又各有其特殊性，且利益目标不相同，所以这些项目的控制方法及所采取的技术或手段也有所不同。

三、会展项目质量控制的工具和技术

会展项目质量控制通常采用的项目质量控制工具和技术一般有以下几种。

1. 控制图

控制图是对过程质量加以测定、记录从而进行控制管理的一种用科学方法设计的图表，又称之为管理图。它是画有控制界限的一种图表，用来分析质量波动究竟是何种原因引起的，从而判断会展项目的质量是否处于控制状态，也就是利用控制图对活动进行质量控制的方法。

控制图的基本形式如图8-4所示，图上有三条线，最上面一条虚线叫上控制线(UCL)，最下面一条虚线叫下控制线(LCL)；中间一条实线称为中心线(CL)。在会展项目实施过程中定期抽样检查，将测得的数据用点线描述在图上，若点全部落在控制界限内(即在UCL和LCL之间)，并且点的排列没有什么异常状况，表明项目开发一切正常。如果点越出控制界限或者点的排列有缺陷，表明在会展项目实施过程中存在异常因素，必须查明原因，进而采取措施，使其恢复正常。

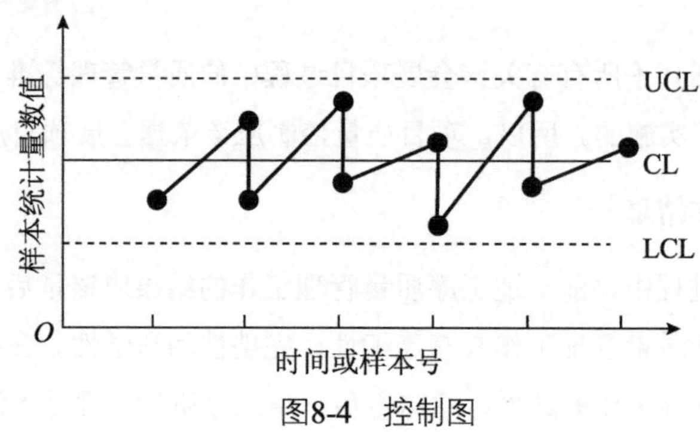

图8-4　控制图

2. 排列图

现场质量管理往往有各种各样的问题，应从何处下手？如何抓住关键因素？一般来说，任何事物都会遵循“少数关键，多数次要”的客观规律。例如，大多数失误由少数人员造成，大部分设备故障的停顿时间由少数故障引起，大部分销售额由少数客户占有等。意大利经济学家帕累托(Vifredo Pareto)提出这一规律，并设计出一种能反映这种规律的图，故这个图称为帕累托图，又称为排列图。此排列图就是针对各种问题按其原因或其状况分类，把数据从大到小排列而做出的累计柱状图。

在图8-5中，0～80%为A类，是主要因素；

80%～90%为B类，是次要影响因素；

90%～100%为C类，是一般影响因素。因此，只要解决A和B两类因素，就能解决主要的质量问题。

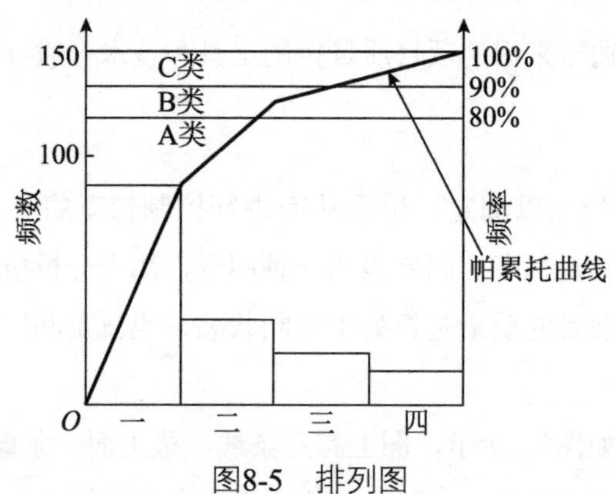

图8-5　排列图

3. 趋势分析与预测

趋势分析与预测是统计学中常用的一种方法，它是根据过去的成果，用数学技术预测未来结果的一种方法。事物的发展变化同时受到多种因素的影响，决定性的长期因素会使事物发展呈现一定的趋势和规律性。长期因素是时间数列的主要构成要素，它指出事物发展的一种趋势和状态。通过对时间数列长期趋势的分析，可以掌握某种规律性，并对其未来发展的趋势做出判断和预测。

4. 抽样调查

抽样调查是应用统计学的一个重要分支，在社会经济领域中有着极其广泛的应用。它是按照随机原则从调查对象(即总体)中抽取部分单位进行调查，用调查所得的指标数值对调查对象相应的指标数值做出可靠的估计和判断的一种统计调查方法。抽样调查可以使产生的误差事前可以计算，且又能采取措施把误差控制在一定范围内。常用的抽样调查的组织方式有简单随机抽样(又称纯随机抽样)、类型抽样(又称分层抽样)、等距抽样(又称机械抽样)、整群抽样、多阶段抽样等。

5. 设置会展项目质量控制点

在会展项目质量控制过程中，可以设置会展项目质量控制点，从而构成项目开发的质量控制体系。

一般情况下，设置项目质量控制点时考虑以下因素：决策目标和解决手段是否正确合理？系统结构是否合理？系统资源是否达到可利用性？是否确实具备项目实施的基础？项目计划安排是否切实可行？

在每个阶段，一般都会有专业人员去评估这些质量控制点，从而可真正达到会展项目质量控制的目的。在质量控制过程中，设置质量控制点是会展项目质量管理的重要保障措施。通过评估这些质量控制节点，从中得到公正、客观的评价，并督促责任部门及时采取预防或纠正措施，从而使会展项目的质量达到相关规定的项目质量体系标准，同时又能满足客户合理的质量要求。

复习思考题

1. 什么是会展项目质量管理？
2. 会展项目质量管理的原则是什么？
3. 会展项目质量管理的过程是什么？
4. 会展项目质量计划的编制步骤和方法是什么？
5. 会展项目质量保证的前提和方法有哪些？
6. 会展项目质量控制的工具和技术有哪些？

第九章
会展项目成本管理

学习目标

理解并掌握会展项目成本的主要构成；会展项目成本管理的概念和特点；会展项目成本估算和预算的方法；会展项目成本控制的方法。

基本概念

会展项目成本；会展项目成本管理；会展项目成本控制。

会展项目的成本管理是为了确保项目在批准的预算内完工，对项目成本进行估算、预算和控制的管理过程。估算项目成本、制定项目成本预算、控制项目成本是会展项目成本管理的三个主要过程。

任何会展项目的实施都具有资源的约束性。资源是指会展项目实施所需的人员、设备和材料等。会展项目实施所需资源的价值正是一个项目成本形成的本源。会展项目如果是以营利为目标，项目营利的有效途径是节约项目成本，即使是非营利性项目也要进行成本管理，以避免资源的浪费。从会展项目实施资源的约束性以及项目相关利益主体的根本目标来看，会展项目成本管理是关系到项目成败的关键因素之一，也是衡量项目管理者是否合格的重要标志。

第一节 会展项目成本管理计划

在开始成本管理的三个主要过程前，会展项目管理团队需要预先进行规划工作，形成一份成本管理计划，为规划、组织、估算、预算和控制会展项目成本统一格式，建立准则。

一、编制会展项目成本管理计划的步骤

会展项目成本计划编制的过程中需要遵循三个基本步骤。

1. 编制资源计划

根据对会展项目工作结构的分解，在清单上列出所有需要使用的资源，包括有形的和无形的，比如原材料、人工、机械设备、场地、管理人员等各种资源，最终形成一个资源计划清单。

2. 进行成本估算

成本估算是给别人算的账，需要解决的问题是计算出完成该会展项目需要多少钱。估算成本最简单的办法是把资源计划清单上的各种资源分别乘以各自相对应的单位价格，得到的总值就是所需的总成本。

3. 编制成本预算

成本预算是给自己算的账，是计划把这些钱如何分配到各种工作任务中，也就是资金分配。在成本估算的基础上，成本预算是把成本金额按照工作分解结构(WBS)的工作清单和工期安排分配到各项工作任务上去。

二、会展项目的主要成本要素

会展项目成本是指为达到会展项目目标所需资源的货币体现。在编制会展项目资源计划清单时，需要识别与会展项目有关的所有可能的成本要素。

会展项目的主要成本要素包括以下几项。

1. 人工成本

人工成本主要是指为会展项目工作的各类人员所支付的报酬。

2. 材料成本

材料成本主要是指会展项目团队为了实施项目所购买的各种原料和材料的成本。

3. 设备成本

设备成本主要包括仪器、工具或设备的折旧、修理费、运行费及租赁费。会展项目团队为实施项目会使用到某些专用仪器、工具或设备，就需要购买或租用这些仪器、工具或设备。

4. 分包成本

分包成本主要是指当会展项目团队缺少某项专门的技术或没有完成某项任务的资源时，把部分项目工作内容委托给分包商而产生的费用。分包成本是分包商为会展项目提供专业服务而产生的费用。

5. 其他成本

其他成本主要包括差旅费(汽车租赁费、机票费、住宿费、餐费和出差补贴等)、临时设施费、贷款利息等为了实施会展项目而产生的费用。

三、会展项目主要成本要素的基本类型

编制会展项目成本计划时，需要区分不同类型的成本要素，需要规划会展项目管理过程中不同阶段内所发生的成本费用。按照不同的标准，成本要素可分为如下几类。

1. 按照成本控制的不同标准划分

(1) 目标成本，是在会展项目管理活动中某一时期内要求实现的成本目标。确定目标成本，可以控制活劳动消耗和物资消耗，降低成本，实现目标利润，因此目标成本应该在目标利润的基础上进行预算，以确保目标利润的实现。

(2) 计划成本，是根据会展项目计划期内的各项平均消耗定额确定的成本，反映计划期内应该达到的成本水平，是计划期内在成本方面努力的目标。

(3) 标准成本，是在正常运行环境下，以标准消耗量和标准价格计算的单位成本。一般而言，标准成本制定以后，在实施过程中一般不做调整和改动，实际费用与标准成本之间的偏差，可通过差异计算来反映。

(4) 定额成本，是根据一定时期的执行定额计算的成本。通常情况下，将实际成本和定额成本对比，可以发现差异并分析产生差异的原因，以便采取措施，改进经营管理。

2. 按照计入会展项目成本的方法划分

(1) 直接成本，是指直接分配到会展项目各个方面中而产生的成本，例如人工和材料成本。不过，并非所有的人工成本都被视为直接成本。

(2) 间接成本，主要包括日常开支和销售管理费用。日常开支是一种普遍的间接成本，估算比较复杂。日常开支成本来源于间接材料、设备、税款、保险、道具、修理、设备折旧以及员工的医疗和退休补助等。销售管理费用则包括广告费、运输费、销售人员的工资、销售和秘书支持、销售佣金以及类似的费用。

3. 按照成本和产量的管理划分

(1) 变动成本，是随使用量的变化而增加的成本，即与使用程度成正比。

(2) 固定成本，是不随使用量变化的成本。

四、编制会展项目成本计划的基本内容

编制会展项目成本计划通常包含以下几方面的基本内容。

1. 设定成本要素的精确金额

在编制会展项目成本计划过程中，管理当局应根据活动范围和项目规模，设定活动成本估算所需达到的精确程度，即要精确到具体的金额，并可在估算中预留一定的储备金。

2. 设定成本要素计量单位

在编制会展项目成本计划过程中，管理当局对不同的资源设定不同的计量单位，如人时、人日、周或总价。

3. 做好与相关系统之间的组织程序链接

工作分解结构(WBS)为成本管理计划提供了框架，能够使成本估算、预算和控制之间保持协调。用WBS来做项目成本账户的控制账户，让每个控制账户都有唯一的编码或账号，并用此编码或账号直接链接到执行组织的会计系统，保证相关系统之间的可链接性。

4. 控制临界值

会展项目成本计划要为监督成本绩效明确偏差临界值。偏差临界值是经一致同意的、可允许的偏差区间。如果偏差落在该区间，就无须采取任何行动。临界值通常用偏离基准计划的百分数表示。

5. 制定绩效测量规划

会展项目成本计划要制定绩效测量所用的挣值管理规则。

6. 确定报告格式

会展项目成本计划要定义各种成本报告的格式与频率。

7. 提供过程描述

会展项目成本计划要对三个成本管理过程分别进行书面描述。

这些内容要以正式或附录的形式包含在成本管理计划中。根据会展项目的需要，成本

管理计划可以是正式的，也可以是非正式的；可以是详细的，也可以是高度概括的。

五、编制会展项目成本计划的基本原则

根据会展项目本身的特点，编制会展项目成本计划时，要注意把握以下几个基本原则。

1. 会展项目成本管理是一种事先能动的管理

会展项目成本管理的能动性是由会展项目的一次性决定的。会展项目成本管理要在这种不再重复的过程中进行管理，必须是事先的、能动的、自为的。在项目起点就对成本进行预测，制订计划，明确目标，然后以目标为出发点，进行全面的成本管理。

2. 会展项目成本管理是一个动态控制过程

每一个项目从立项到实施都要经过很长的周期，项目实施过程中会有很多的因素对成本产生影响，最终的成本在项目运作过程中是不能确定的，只有在项目的收尾阶段，形成成本决算后，才能最终确定项目成本。

3. 会展项目成本管理影响项目质量与项目进度

一个完整、成功的项目既要看项目的质量，又要看项目的进程，而会展项目成本管理的效率直接关系到项目的成败。高效的项目成本管理不仅可以保证项目的质量与进度，还能节约资源，避免浪费。

第二节 会展项目成本估算

会展项目成本估算是会展项目成本管理的首要和核心工作，其实质是通过分析估计确定会展项目的成本。这项工作的成果是开展会展项目成本预算和会展项目成本控制的基础和依据。会展项目成本估算是为完成会展项目各项任务，根据会展项目的资源需求，以及市场上的资源信息，对会展项目所需成本进行估计。由于会展项目实施会发生变更，而且在会展项目的整个生命周期内往往会发生宏观环境的变化(如利率变化、通货膨胀等)、资源价格的变化(如人力资源的成本、原材料和设备等价格的变化等)、会展项目利益相关者行为的变化，导致会展项目成本估算的不确定性很高，使成本预算成为一个很复杂的工作。

一、会展项目成本估算的依据

会展项目成本估算是依据会展项目的相关信息做出项目成本的预测和估计，所以在会展项目成本估算中各种估计和预测的依据非常重要。一般而言，会展项目成本估算的依据主要包括以下几项。

1. 会展项目范围说明书

会展项目范围说明书一般应包括项目合理性说明、项目目标、项目可交付成果、技术规范四个方面的内容。要准确估算成本，必须正确理解会展项目范围说明书。随着会展项目的开展，会展项目范围说明书可能需要修改与细化，以反映项目在以上几个方面的变化情况。

2. 工作分解结构

工作分解结构是项目成本估算的主要依据。它反映了项目任务的性质与难度，同时工作分解结构中完备的任务清单可以保证已定义的所有项目工作所需要的资源都能得到估算。

3. 资源需求计划

进行资源计划编制所得到的结果就是资源需求计划，包括资源名称、种类、数量以及单价等内容，据此可以进行会展项目成本的估算。

4. 资源单价

资源单价是为计算会展项目成本使用的，如每小时的人工费，每立方米大宗材料的成本。如果资源单价未知，则需首先估算资源单价。

5. 活动历时估算

活动历时估算是对会展项目各个有机部分和总体实施时间的估计，它将直接影响到会展项目的成本估算。

6. 历史资料

同类会展项目成本估计资料始终是会展项目执行过程中可以参考的最有价值的资料，包括会展项目文件、商业数据库、知识库等。

7. 会计表格

会计表格说明了各种成本信息项的代码结构，它通过反映许多信息而成为历史信息和成本估算的来源，这有利于会展项目成本的估计与正确的会计科目相对应。

二、会展项目成本估算的方法

会展项目成本估算实际上是一种预测工作，从理论上讲，所有的预测原理与预测理论均适用于会展项目成本估算。但由于会展项目具有一次性、独特性和不确定性的特点，会展项目成本估算与一般的产品成本估算又有不同之处。

常用的会展项目成本估算方法包括参数模型估算法、自上而下估算法、自下而上估算法、自上而下与自下而上相结合估算法。

1. 参数模型估算法

参数模型估算法是把会展项目的一些特征作为参数，通过建立一个数学模型来估算会展项目成本的方法。参数模型估算法在估算成本时，只考虑那些对成本影响较大的因素，而对那些影响成本较小的因素忽略不计，因此用这种方法估算的成本精度不高。

2. 自上而下估算法

自上而下估算法是将以前类似工作实际成本的历史数据作为估算依据，并以此估算会展项目成本的一种方法，常用于会展项目初期或信息不足的情况。

首先，会展项目的中高层管理人员在掌握会展项目成本相关历史数据的基础上，对会展项目的总成本进行估算，然后按照工作分解结构的层次把会展项目总成本的估算结果自上而下传递给下一层的管理人员。在此基础上，下层管理人员对自己负责的子项目或子任务的成本进行估算，继续向下逐层传递，一直传递到工作分解结构的最底层。自上而下成本估算的分解过程示例如图9-1所示。

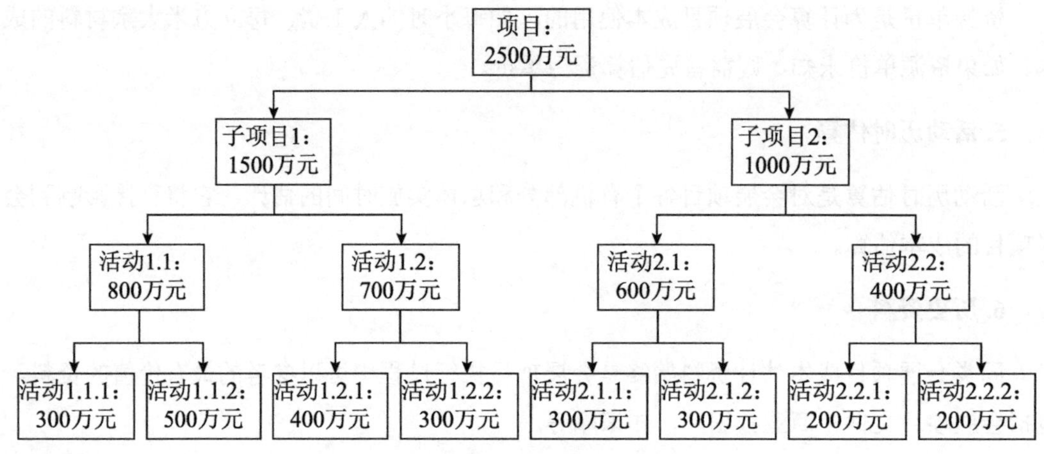

图9-1　自上而下成本估算示例

该方法的优点在于简单易行、花费少，在总成本估算上具有较强的准确性，对各活动的重要程度有清楚的认识，但是总成本按照工作分解结构逐级向下分配时，可能出现下层管理人员认为成本不足，难以完成相应任务的情况。

3. 自下而上估算法

自下而上估算法是从工作分解结构的底层开始进行的自下而上的估算形式，底层工作人员先估算各个活动的独立成本，然后层层累加汇总到工作分解结构更上层，最后加上管理费、管理储备金等，得到完成整个会展项目的总成本。采用这种方法的前提是确定了详细的工作分解结构，会展项目内容明确到能识别出为实现会展项目目标必须要做的每一项具体工作任务，对一些较小的工作单元能做出较准确的估算。

相比高层管理人员来说，直接参与会展项目实施的人员更为清楚会展项目涉及活动所需要的资源量，从而估算的成本更为准确。此外，底层的会展项目人员直接参与到估算工作中，可以促使他们更愿意接受成本估算的最终结果，提高工作效率。但用自下而上估算法计算的工作量往往较大，且可能存在下层管理人员夸大虚报成本的情况。

4. 自上而下与自下而上相结合估算法

自上而下估算法虽然简便，但估算精度较差；自下而上估算法所得结果更为精确，并且会展项目所涉及活动资源的数量更清楚，但估算工作量大。为此，可将两者结合起来，取长补短，即采用自上而下与自下而上相结合的方法进行成本估算。

自上而下与自下而上相结合的成本估算是针对会展项目的某一子项目进行详细具体的分解，从该子项目的最底分解层次开始估算费用，并自下而上汇总，直至得到该子项目的成本估算值；之后，以该子项目的估算值为依据，估算与其同层次的其他子项目的费用；各子项目的费用向上汇总，可得到会展项目总成本估算，向下沿着工作分解结构分解，可得到下层各任务、活动的估算成本。这种估算方法将重点放在会展项目的主要组成部分，投入相当的人力进行详细估算，而其他次要部分则按经验估算。

自上而下与自下而上相结合估算示例如图9-2所示，C子项目在整个项目中所占成本比重较大，所以对C子项目进行分解，并从最底层估算，依次汇总得到子项目的成本。根据A、B、D、E、F等子项目与C子项目成本间的关系，估算其他各子项目的成本，这些子项目的成本向上汇总得到项目总成本，向下沿工作分解结构分解，可得到A、B、D、E、F等各任务、活动的估算成本。

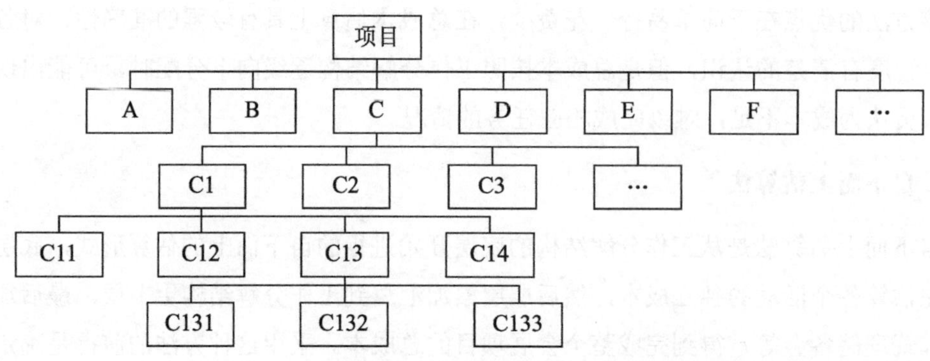

图9-2 自上而下与自下而上相结合成本估算示例

三、会展项目成本估算的结果

1. 会展项目成本估算

成本估算是会展项目各活动所需资源成本的定量估算，可以用价值量表示，也可以用劳动量指标或实物量指标表示。这些估算以简单或详细形式描述了实施项目所必需的全部资源(包括人力、财力、物力等)，以及这些资源的数量、质量标准、成本，同时还应描述不可预见费用等方面的内容。会展项目成本估算是个不断优化的过程，随着会展项目的进展和相关资料的不断完善，应对原有的成本估算做出修改，在会展项目实施过程中应明确提出在何时修正估算，成本估算应达到什么样的精确度。

2. 相关支持细节文件

相关支持细节文件是对会展项目成本估算所依据的文件和所考虑细节的说明文件，一般作为会展项目成本估算的附件使用。这一文件的主要内容包括会展项目范围的描述；成本估算的基础和依据文件；为进行成本估算所作的假设，如会展项目所需资源价格水平的估计；会展项目成本估算可能出现的变动范围说明，包括在各种会展项目成本估算假设条件和基础依据发生变化后，会展项目成本可能会发生何种变化、变化多大的说明。

3. 会展项目成本管理计划

会展项目成本管理计划是关于如何管理和控制会展项目成本以及会展项目成本变更的说明文件。会展项目开始实施后可能会发生各种无法预见的情况，从而危及会展项目成本目标的实现。为了预测和克服各种意外情况的发生，需要计划安排好各种可能需要的应急措施，从而控制会展项目实施中可能出现的成本变动。会展项目成本管理计划的中心内容为识别并分析可能出现的意外事件，预测可能会发生的损失概率和程度，提出成本管理的计划和成本偏差的解决方案。

第三节 会展项目成本预算

一、会展项目成本预算的基本内容

会展项目成本估算完成以后，人们还需要在估算的基础上进行会展项目成本预算。会展项目成本预算是会展项目成本控制的基础，它是将会展项目成本估算分配到会展项目的各项具体工作中，以确定会展项目各项工作和活动的成本定额，制定会展项目成本的控制基准，规定会展项目以外成本划分与使用规则的一项会展项目管理工作。成本估算与成本预算都以工作分解结构为依据，所运用的工具和方法也基本相同。

会展项目成本预算在整个会展项目计划、规划和实施过程中起着非常重要的作用，会展项目做得精细与否，首先要看会展项目的预算水平。预算与会展项目进展中资源的使用相联系，会展项目管理者根据预算可以实时掌握会展项目的进度和成本，对会展项目进行控制。在会展项目实施过程中，应该不断收集和报告有关进度和成本的数据，以及对未来问题和相应成本的估计，必要时可对预算进行修正。

会展项目成本预算主要有以下两个方面的特征。

(1) 会展项目成本预算与成本估算相比具有权威性。通过预算，各项目小组能够拥有多少资源得到了项目领导者的肯定，会以正式的文件形式下达。在会展项目成本预算指导下，会展项目经理必须提高资源的使用效率，即尽可能地在完成目标的前提下节省资源，尽量降低因预算不足而产生的不利影响。

(2) 会展项目成本预算具有约束性和控制性。它是一种控制机制，预算可以作为一种比较标准而使用，一种度量资源实际和计划用量之间差异的基线标准。当出现实际成本偏离预算基准时，可对偏离的原因和程度进行分析，以确定是否会突破预算的约束，并采取相应的对策，使项目经理更为清楚地掌握会展项目进展和资源使用情况，避免出现措手不及的情况，造成项目失败或者效益低下的后果。

二、会展项目成本预算的基本流程

会展项目成本预算实际上就是使用会展项目成本估算、会展项目工作分解结构、会展项目活动清单和会展项目进度等输入信息，经过加工处理之后而给出的一种输出结果。会展项目成本预算中的加工处理过程包括会展项目总体成本预算的确定、会展项目各具体工作或活动成本预算的确定和会展项目各项预算发生时间的确定。会展项目成本预算的基本流程如图9-3所示。

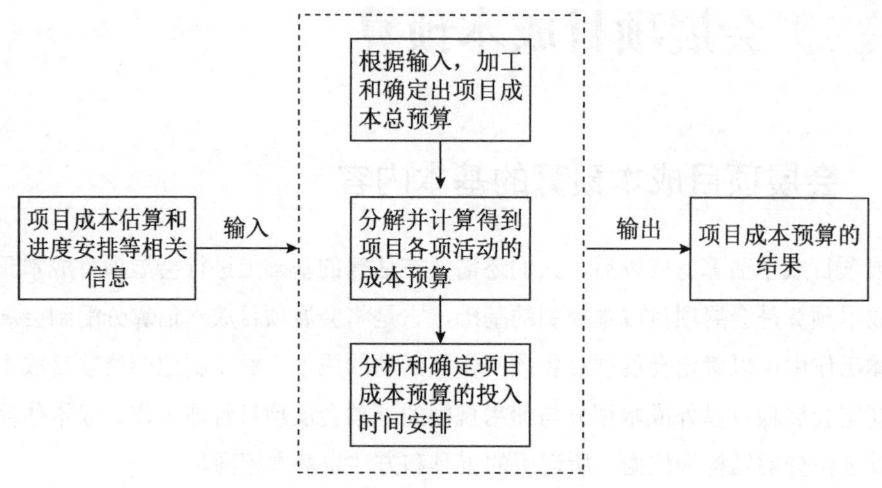

图9-3　会展项目成本预算的基本流程

1. 相关信息的输入

进行会展项目成本预算，首先需要收集会展项目成本估算、会展项目活动清单、进度安排等相关资料，作为会展项目成本预算的输入信息。

2. 会展项目成本总预算的确定

会展项目成本总预算的确定是根据会展项目成本估算等文件，结合会展项目的目标、范围、质量和进度等要求所确定的会展项目成本预算总额的过程。会展项目成本预算应充分考虑会展项目团队与会展项目的各种风险情况、会展项目各种资源的约束条件和假设前提条件等。其中，所谓的会展项目风险是指会展项目可能出现的成本变化的不确定性，而会展项目的假设前提条件是指由于会展项目有很多因素是不确定的，人们只知道其发生的概率，所以在做会展项目预算时必须假定一个条件(如在项目中假设有多少天是雨天)。会展项目成本预算与会展项目成本估算的最大差异应是针对这些会展项目风险所给出的会展项目不可预见费用或者会展项目管理储备金的多少。

3. 会展项目成本预算的分解

在确定了会展项目成本总预算之后，首先根据会展项目成本预算总额和会展项目工作分解结构，将会展项目成本预算总额分配到会展项目工作分解结构的各个工作包上，然后将会展项目工作包的成本预算进一步向下分解，最终确定各个工作包中各个具体活动的成本预算。图9-4为项目成本预算分解示意图。

在完成会展项目成本分解之后，还需要对这些会展项目成本预算的基本数据进行必要的调整。这种调整主要有两类。第一类是初步调整，这是借助会展项目工作分解结构或会展项目活动清单作局部调整，是一种删除重复和增补遗漏性质的调整工作，以促使预算更加精确。第二类是综合调整，这是依据会展项目所处政治与经济环境的变化情况，在初步调整的基础上乘以一个百分比系数来实现的。综合调整不如初步调整那么明确，很多时候综合调整是根据对政治与经济的敏感而做出的。

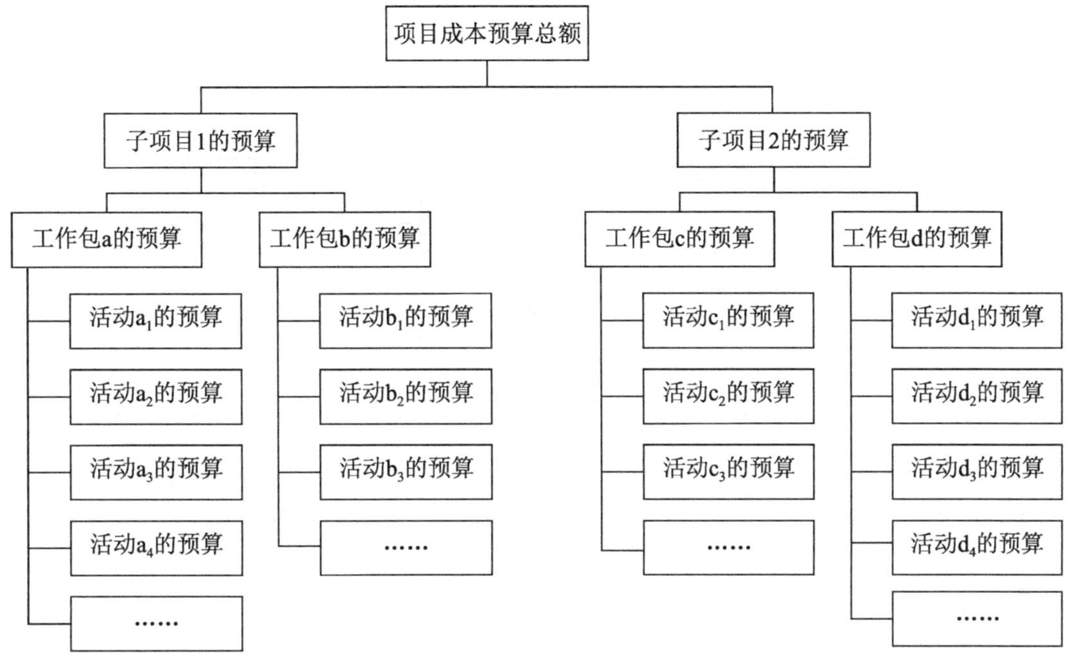

图9-4　项目成本预算分解示意图

4. 会展项目成本预算的投入时间安排

根据会展项目成本预算总额、会展项目工作包成本预算、会展项目各项具体活动预算及会展项目工作的进度安排，就可以确定出会展项目各具体活动的成本预算的投入时间。

通常需要找出两个会展项目成本预算投入的时间参数：一是各个时点上的会展项目成本预算投入，即会展项目各工作包和具体活动成本预算的具体投入时间和投入数额；二是会展项目预算投入的累计额，即从会展项目起点开始到某时点前累计得到的成本预算。

5. 会展项目成本预算的输出结果

会展项目成本预算工作的主要结果一般包括5项内容。

(1) 会展项目预算文件。会展项目成本预算工作的结果是生成一份有关会展项目预算的正式文件，其中的重要部分是会展项目成本基线，用于测量、监督和控制会展项目的总体成本绩效。一般用成本负荷直方图(见图9-5)和时间—成本累计S形曲线(见图9-6)来表示。

(2) 相关的支持细节。这是关于会展项目预算主文件的各种支持细节的说明文件，包括各种预算编制过程中使用的会展项目集成计划、范围计划、工期计划和会展项目资源计划等方面的支持细节，会展项目预算标准等方面的支持细节，会展项目预算分配的原则等细节文件。

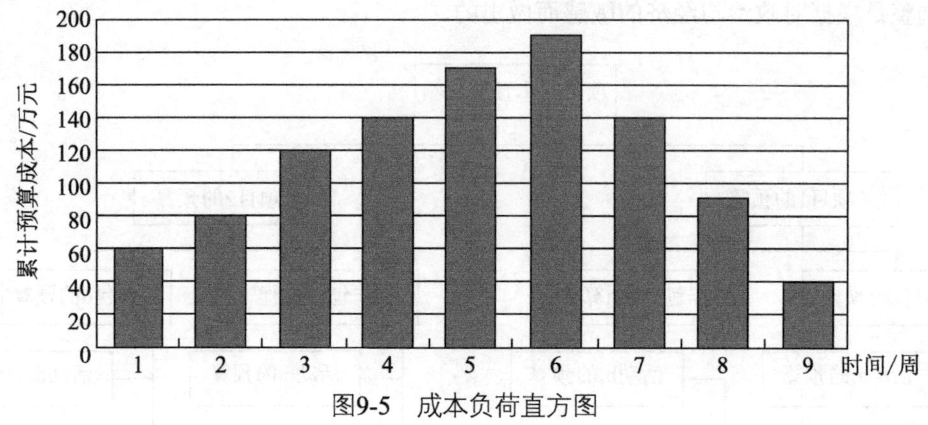

图9-5　成本负荷直方图

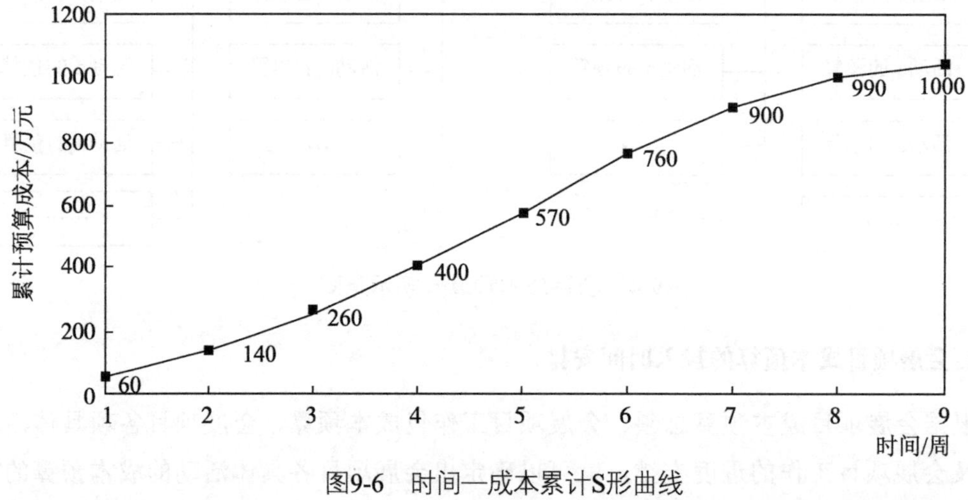

图9-6　时间—成本累计S形曲线

(3) 会展项目筹资计划。会展项目筹资计划是根据会展项目预算结果给出的各个时段的筹资要求和计划安排。通常每个阶段的筹资都应该给出一定的额外量以备出现各种预付款，提前结算和超支的情况，会展项目总筹资的数额应该是会展项目总成本加上会展项目管理储备金。会展项目筹资工作一般是间断性和不断增加的，一定比例的会展项目管理储备金可以按照逐步增加的方式包括在每一笔筹资中。

(4) 会展项目预算管理计划文件。会展项目成本预算的另一个主要的输出结果是一份会展项目预算管理的规定文件，即会展项目预算管理计划文件。在这一文件中，应该明确规定有关会展项目预算管理的各种规定和要求。

(5) 会展项目文件的更新。在会展项目成本预算过程中会发现以前的会展项目成本估算和进度、范围以及集成计划等存在一些问题而需要更新或修订，这样就会产生更新后的会展项目成本估算书、会展项目成本管理计划或会展项目集成计划以及其他项目文件。

第四节　会展项目成本控制

会展项目成本控制是在会展项目实施过程中，通过开展项目成本管理，努力将会展项目的实际成本控制在项目预算范围内的一项管理工作。随着会展项目的开展，会展项目的实际成本会不断地变化，需要不断地控制项目的实际成本或修正项目的成本估算。对会展项目的最终成本进行预测和计划安排也属于会展项目成本控制的范畴。

会展项目成本控制的具体工作包括以下几项：监视会展项目成本的变动；发现会展项目成本的实际偏差，找出偏差产生的原因；采取各种措施防止会展项目成本超过预算；确保实际发生的会展项目成本和项目变更有据可查；防止不正当或未授权的会展项目变更所发生的费用被列入会展项目成本预算；采取相应的成本变动管理措施。

会展项目成本控制涉及对那些可能引起会展项目成本变化的各种影响因素的控制(事前控制)、会展项目实施过程中的成本控制(事中控制)和会展项目实际成本发生以后的控制(事后控制)三个方面的工作。有效成本控制的关键是经常性地收集会展项目的实际成本，进行计划值和实际值的动态比较分析，并对完工成本进行预测，尽早地发现偏差和问题，以便在情况变坏之前及时地采取经济、技术、合同和组织管理等综合纠偏措施，使会展项目成本目标尽可能得到实现。会展项目成本问题及早发现和处理，对会展项目范围和项目进度的冲击就会越小，项目越能达到整体的目标。

一、会展项目成本控制的依据

会展项目成本控制工作的主要依据有如下几个方面。

1. 成本基线

成本基线是按时间分段的成本预算计划。它是以时间为自变量的预算，用于度量和监督会展项目成本的实际发生的情况。成本基线提供了成本预算和使用的一个基本范围，是实施成本控制的基本依据。

2. 执行情况报告

执行情况报告是指会展项目成本管理与控制的实际绩效评价报告，它反映了会展项目预算的实际执行情况，一般应提供范围、进度、成本和质量等信息。执行情况报告按照沟通管理计划的规定提供各类项目涉及人员所需要的符合详细等级的信息。执行情况报告还提醒项目团队注意将来可能会引起问题的事项。

3. 变更请求

有关变更请求可以有多种形式，口头或书面的、直接或间接的、组织内部提出的或组织外部要求的、强制规定的或可选择的，变更请求具体指会展项目的相关利益者提出有关更改项目内容和成本的请求。任何项目的变更都可能会造成项目成本的变动，所以在项目实施过程中提出的任何变更都必须经过审批同意。项目实施者要根据变动后的项目工作范围或成本预算来对项目进行成本实施控制。

4. 项目成本管理计划

会展项目成本管理计划对项目实施过程中可能会引起的项目成本变化的各种潜在因素进行识别和分析，提出解决和控制方案，为确保在预算范围内完成项目提供一个指导性文件。一个成本管理计划可以是高度详细的，也可以是粗框架的；可以是正规的，也可以是非正规的，这取决于项目相关人员的需要。

二、会展项目成本控制的方法

1. 会展项目成本分析表

会展项目成本分析表是利用会展项目中的各种表格进行成本分析和成本控制的一种方法。应用成本分析表法可以清楚地进行成本比较研究。常见的成本分析表有月成本计算及最终预测报告表等。

每月编制月成本计算及最终成本预测报告表，是项目成本控制的重要内容之一。该报告表的主要事项包括项目名称、已支出金额、竣工尚需的预计金额和盈亏预计等。月成本计算及最终成本预测报告表要在月末会计账簿截止的同时完成，并随时间推移使精确性不断增加。表9-1为月成本计算及最终成本预测报告表。

表9-1　月成本计算及最终成本预测报告表

项目名称：　　　　　　　　　　主管：
项目编号：　　　　　　　　　　校核：

<table>
<tr><th rowspan="3">序号</th><th rowspan="3">科目编号</th><th rowspan="3">名称</th><th rowspan="3">支出金额</th><th colspan="3">调整</th><th colspan="3">实际成本</th><th rowspan="3">序号</th><th colspan="3">完工尚需金额</th><th colspan="3">最终预算成本</th><th colspan="3">合同预算金额</th><th colspan="2">预算比较</th></tr>
<tr><th colspan="2">金额</th><th rowspan="2">备注</th><th rowspan="2">金额</th><th rowspan="2">单价</th><th rowspan="2">数量</th><th rowspan="2">金额</th><th rowspan="2">单价</th><th rowspan="2">数量</th><th rowspan="2">金额</th><th rowspan="2">单价</th><th rowspan="2">数量</th><th rowspan="2">金额</th><th rowspan="2">单价</th><th rowspan="2">数量</th><th rowspan="2">盈</th><th rowspan="2">亏</th></tr>
<tr><th>增</th><th>减</th></tr>
<tr><td></td><td></td><td></td><td></td><td></td><td></td><td></td><td></td><td></td><td></td><td></td><td></td><td></td><td></td><td></td><td></td><td></td><td></td><td></td><td></td><td></td><td></td></tr>
<tr><td></td><td></td><td></td><td></td><td></td><td></td><td></td><td></td><td></td><td></td><td></td><td></td><td></td><td></td><td></td><td></td><td></td><td></td><td></td><td></td><td></td><td></td></tr>
<tr><td></td><td></td><td></td><td></td><td></td><td></td><td></td><td></td><td></td><td></td><td></td><td></td><td></td><td></td><td></td><td></td><td></td><td></td><td></td><td></td><td></td><td></td></tr>
<tr><td></td><td></td><td></td><td></td><td></td><td></td><td></td><td></td><td></td><td></td><td></td><td></td><td></td><td></td><td></td><td></td><td></td><td></td><td></td><td></td><td></td><td></td></tr>
<tr><td></td><td></td><td></td><td></td><td></td><td></td><td></td><td></td><td></td><td></td><td></td><td></td><td></td><td></td><td></td><td></td><td></td><td></td><td></td><td></td><td></td><td></td></tr>
<tr><td></td><td></td><td></td><td></td><td></td><td></td><td></td><td></td><td></td><td></td><td></td><td></td><td></td><td></td><td></td><td></td><td></td><td></td><td></td><td></td><td></td><td></td></tr>
</table>

2. 成本累计曲线

成本累计曲线又称为时间累计成本曲线。它是反映整个会展项目或项目中某个相对独立的部分开支状况的图示。

在项目成本控制中，通常可以采用下面的三个步骤做出项目的成本累计曲线。第一步，建立直角坐标系，横轴表示项目的工期，纵轴表示项目成本。第二步，按照一定的时间间隔或时间单元累计各工序在该时间段内的支出。第三步，将各时间段支出金额累计，确定出各时间段所对应的累计资金支出点，然后，用一条平滑曲线依次连接各点即可得到成本累计曲线。确定各时间段的对应点时，横坐标为该时间段的中点。

在成本累计曲线上，根据实际支出情况的趋势可以对未来的支出进行预测，将预测曲线与理想曲线相比较，可获得有价值的成本控制信息。

大量非关键工序开始和结束时间是可以调整的。利用各工序的最早开始时间和最迟开始时间制作的成本累计曲线称为香蕉曲线，如图9-7所示。香蕉曲线表明了项目成本变化的安全区间，实际发生的成本变化如不超出两条曲线限定的范围，就属于正常变化，可以通过调整开始和结束时间使成本控制在计划范围内。如果实际成本超出这一范围，就要引起重视，查清情况，分析出现的原因。如果有必要，应迅速采取纠正措施。香蕉曲线不仅可用于成本控制，还是进度控制的有效工具。

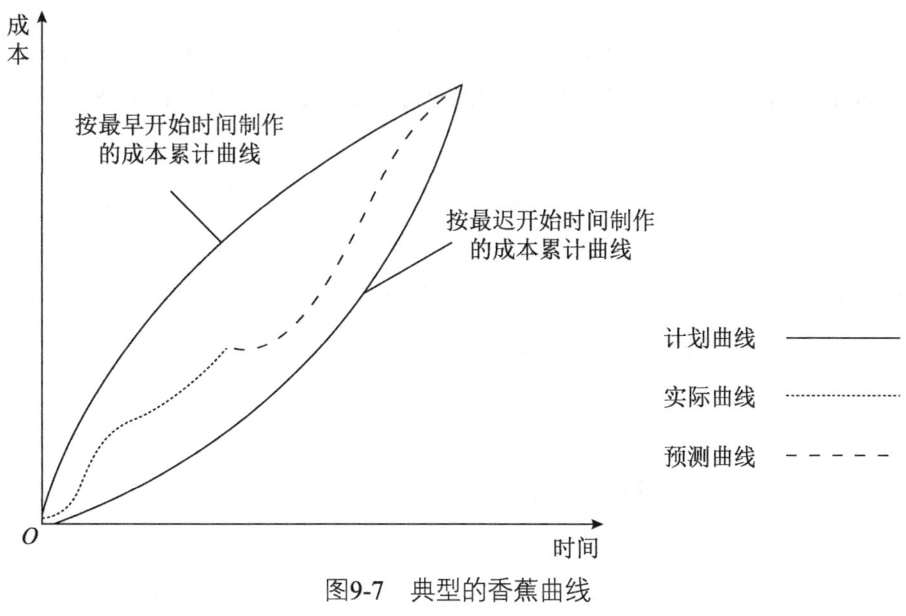

图9-7　典型的香蕉曲线

3. 挣值管理

挣值管理是近年来较受推崇的一种综合的绩效测量方法。它可用来评价项目的成本绩效，并更加精确地估算出完成整个项目所需的总成本。相对于传统的成本管理方法，挣值方法的最大意义在于能及早地向项目经理、高管人员和客户发出警告，从而让项目经理们有足够的时间采取必要的措施，帮助项目改善绩效表现。

1) 挣值管理的起源

1958年，美国海军开始在网络进度计划和风险管理中使用计划评审技术(PERT)，1962年，PERT被改进为PERT/Cost。在PERT/Cost执行过程中，项目承包人需要提交11种报告，其中一种叫做工作成本报告，这个报告就包含有挣值管理的思想，至此挣值作为一种项目管理工具首次被引入现代工业中。

1965年，美国国防部正式发布了《成本/进度控制系统标准》(Cost/Schedule Control System Criteria，C/CSSC)，C/CSSC巧妙地把挣值这个概念融入35项标准中。为了使挣值方法更易于使用，更大众化，1995年，美国国防工业协会(Natinal Defense Industrial Association，NDIA)对C/CSSC重新审核和编写，制定了一个只包含32项的被称作《挣值管理系统》(Earned Value Management System，EVMS)的改进版本。1998年，美国国家标准学会和电子工业协会(American National Standard Institute/ Electronics Industry Association，ANSI/EIA)颁布了有关挣值管理系统的标准，随即被许多政府机构采用。

除了在美国被广泛使用外，日本、澳大利亚、加拿大、英国、瑞典等国也相继把挣值管理系统引入政府和工业界的标准，挣值管理越来越受到重视。

2) 挣值管理中的三个关键指标

(1) 计划价值。计划价值(Planed Value，PV)也称为计划工作预算成本(Budgeted Cost of Work Schedule，BCWS)，是指按照已批准的进度计划，在给定期限内应该完成工作量的预算成本。

(2) 挣值。挣值(Earned Value，EV)也称为已完工作预算成本(Budgeted Cost of Work Performed，BCWP)，是指在一段给定的期限内实际完成工作量的预算成本。

(3) 实际成本。实际成本(Actual Cost，AC)也称为已完工作实际成本(Actual Cost of Work Performed，ACWP)，是指在一段给定的期限内完成工作的实际支出。

3) 偏差和绩效指标

在计划价值、挣值和实际成本三个指标的基础上，我们可以计算出会展项目的成本偏差与进度偏差，从而为控制成本和进度提供依据。会展项目挣值管理中的偏差可以用以下几个指标来度量。

(1) 成本偏差。成本偏差(Cost Variance，CV)指已完工作预算成本与实际成本之间的差额，其计算公式为

$$CV=EV-AC$$

当CV为负值时，表示实际成本超过预算值，项目超支。

当CV为正值时，表示实际成本低于预算值，项目预算有结余。

当CV等于零时，表示实际成本等于预算值。

(2) 进度偏差。进度偏差(Schedule Variance，SV)指到某时刻止，已完工作量与计划完成工作量的差异，其计算公式为

$$SV=EV-PV$$

当SV为正值时，表示实际进度快于计划进度。

当SV为负值时，表示实际进度落后于计划进度。

当SV为零时，表示实际进度与计划进度一致。

(3) 成本绩效指数。成本绩效指数(Cost Performance Index，CPI)即衡量成本的效率的指标，其计算公式为

$$CPI=EV/AC$$

当CPI<l时，表示实际成本高于预算成本。

当CPI>l时，表示实际成本低于预算成本。

当CPI=I时，表示实际成本与预算成本吻合。

(4) 进度绩效指数。进度绩效指数(ScheduLe Performance Index，SPI)即衡量时间效率的指标，其计算公式为

$$SPI=EV/PV$$

当SPI>l时，表示实际进度快于计划进度。

当SPI<1时，表示实际进度落后于计划进度。

当SPF=1时，表示实际进度与计划进度一致。

一个项目的计划价值、挣值和实际成本三个值之间的关系及偏差、绩效指数可归纳为表9-2中的6种情况。

表9-2　项目挣值法参数分析

序号	图例	参数关系	序号	图例	参数关系
1	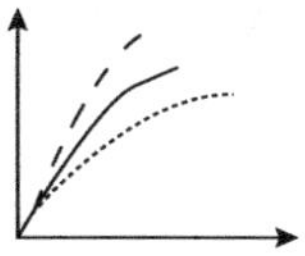	AC＞PV＞EV CV＜0，SV＜0 CPI＜0，SPI＜1	4	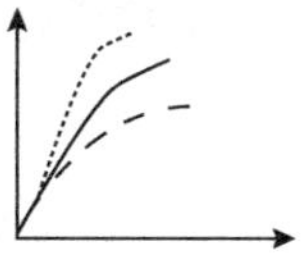	EV＞PV＞AC CV＞0，SV＞0 CPI＞1，SPI＞1
2	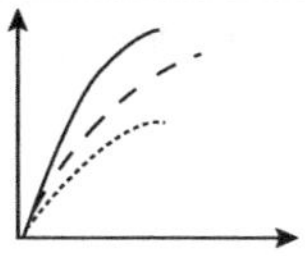	PV＞AC＞EV CV＜0，SV＜0 CPI＜0，SPI＜1	5	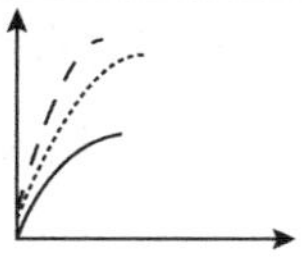	AC＞EV＞PV CV＜0，SV＞0 CPI＜1，SPI＞1
3	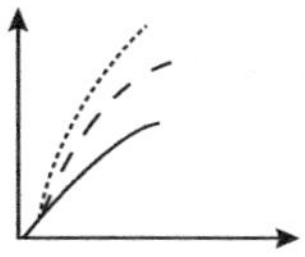	EV＞AC＞PV CV＞0，SV＞0 CPI＞1SPI＞1	6	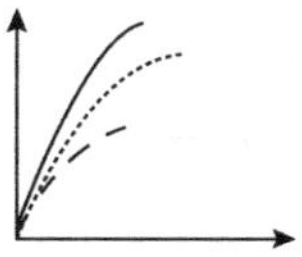	PV＞EV＞AC CV＞0，SV＜0 CPI＞1，SPI＜1

4) 挣值法的其他指标

(1) 完工估算。完工估算(Estimate Completion，EAC)是指在项目进行过程中，根据已经变化了的条件，对完工的总预算的最新估计。

(2) 完工预算。完工预算(Budgeted Cost at Completion，BAC)是指完成整个项目的预算成本。

(3) 完工绩效指标。完工绩效指标(To Complete Performance Index，TCPI)是指为了保证项目最终按预算成本完成，剩余的预算中每花一单位成本(如1万元)所需要完成的工作价值，其计算公式为

$$TCPI=(BAC-EV)/(BAC-AC)$$

(4) 完工尚需估算。完工尚需估算(Estimate to Complete，ETC)是指要完成项目，还需要多少资金，其计算公式为

$$ETC=EAC-AC$$

5) 用挣值法预测完工估算

运用挣值法不仅能够对会展项目的成本和进度进行持续的监控，帮助项目管理人员掌握项目绩效的实际趋势，还能对项目最终成本进行连续的预测，即预测完工估算。

常用的计算完工估算的方法有三种，分别表示“最好的情况”“最有可能的情况”和“最差的情况”的完工估算。

(1) “假定不再超支”的完工估算。这是假定项目未完工部分按计划效率进行的情况下，预测完工估算的方法，其预测的公式为

$$EAC=AC+BAC-EV$$

假设从此监控点开始，以后所有的工作都会按预算、按计划完成，不会再发生成本超支的情况，这是一种理想的状况。因此用该公式计算得出的完工估算就是“最好情况下”最小的完工估算，是所有可能的完工估算值的下限，也可以说是任何成本超支的起跳线。

(2) 用累计成本绩效指数进行完工估算。使用累计成本绩效指数的完工估算法是常见的完工估算的计算方法，其计算公式为

$$EAC=AC+(BAC-EV)/(CPI)$$

需要说明的是，因为实时数据常常不是规则的，它具有很强的偶然性，所以这里的“累计成本绩效指数”应该采用长期累积的历时数据。通过累计成本绩效指数得到的完工估算被认为是“最有可能的”。

(3) 用累计的成本绩效指数与进度绩效指数进行完工估算。将成本效率指数与进度效率指数相结合进行完工估算，是常用的预测方法之一，其计算公式为

$$EAC=AC+(BAC-EV)/(CPI\times SPI)$$

这个方法之所以引入进度绩效指数，是因为项目不仅有成本目标，还有进度目标，为了赶工而额外付出的人力、物力和财力，都会对成本效率指数产生不可挽回的影响。所以本方法得出的完工估算是“最差情况下”的完工估算，是估算出的项目成本需求的上限，特别是在那些有明确完工日期的项目中，本方法尤为有效。

三、会展项目成本控制的结果

会展项目成本控制的结果是实施成本控制后，项目所发生的变化，包括项目成本估算更新、预算更新、纠正措施、成本预测和经验与教训等，成本控制的结果往往反映了项目实施的成功与否。

1. 项目成本估算更新

项目成本估算更新是对会展项目原有成本估算的修订和更新的文件。由于成本控制反馈出一些有关促进成本重新估算的更为有效的信息，需要项目管理人员在不改变项目计划的前提下重新对成本估算进行完善，这便产生了项目成本估算更新。更新后的成本估算可能要求(也可能不要求)对整体项目计划的其他方面进行调整。

2. 预算更新

预算更新是对已批准的成本预算进行的修改。它是一个更为激进的项目控制反馈活动，它的前提是发现了项目前期工作的重大失误，如成本偏差很大，从而要对既定的成本基线进行更改。项目团队要在不影响项目进展的情况下，按照正规的报告、审批和执行程序进行预算更新，并且要给出严密的书面报告，并及时按程序通知有关部门。

3. 纠正措施

纠正措施是指在会展项目成本管理的过程中所开展的一系列纠偏行动。纠正措施是为了使会展项目未来工作所花费的实际成本控制在项目计划成本以内所做的努力。在项目实施过程中，不可避免地会遇到各种问题，如产品市场的变化、设备及原材料价格的变化等，这些都会影响到项目成本控制计划的正常实施。对于这些问题，管理者要采取大量的措施予以纠正，并在需要的时候重新制订成本计划。

4. 项目成本的预测文件

项目成本的预测文件是指在会展项目实施过程中不断根据项目实际情况和未来发展趋势对项目成本做出必要的预测和计划安排，包括对项目从开始到完工时的成本总额和新的项目成本基线的预计。

5. 经验和教训

偏差的原因、所选择的纠偏措施、纠偏措施的效果及从成本控制中吸取的其他类型的教训应整理为项目文档，以作为本项目以及执行组织的其他项目可利用的历史数据库的组成部分。

规范的管理制度和高素质的管理人员对有效的成本控制起到了很大的作用，因此对每个项目而言，及时总结项目经验、在相关项目中推广好的经验并吸取教训是非常必要的，这样既可以使会展项目管理更加规范，也可以提高管理者的管理水平，从而降低成本控制的风险，保证项目的顺利实施。

复习思考题

1. 简述会展项目成本的构成。
2. 会展项目成本估算的方法有哪些？各方法的适用范围和局限性有哪些？
3. 项目成本估算与预算有哪些联系和区别？
4. 成本预算的程序包括几个步骤？
5. 项目成本控制的输出结果包括几个部分？

第十章 会展项目采购管理

学习目标

理解和掌握会展项目采购和采购管理的基本概念和特点；会展项目采购的主要内容；会展项目采购的主要类型和程序；会展项目采购招投标流程的基本内容。

基本概念

会展项目采购；会展项目采购管理。

采购管理是会展项目管理的重要职能，采购工作是项目执行中的关键环节，并构成项目执行的物质基础和项目成本的主要内容；规范的会展项目采购兼顾经济性和有效性，能够有效地降低项目成本，促进项目的顺利实施和按期完成。

会展项目采购管理的过程主要包括规划采购、实施采购、管理控制采购。

会展项目采购管理主要是通过规划采购，来记录项目采购决策、明确采购方法、识别潜在卖方；通过实施采购，来选择卖方并授予采购合同；通过管理控制采购，来管理控制采购关系、监督合同绩效以及采取必要的变更和纠正措施。

第一节 会展项目采购的行业特征

一、会展项目采购的主要特点

会展项目的采购是一项很复杂的工作，不仅应遵循项目管理通用的采购程序，更要求会展项目管理团队注重会展行业自身的采购特点。会展项目采购负责人在实施采购前必须清楚地知道所需采购的货物或服务的类型、性能规格、质量要求、数量等，必须了解并熟悉国内、国际市场的价格和供求情况、所需要货物或服务的供求来源、外汇市场情况、国际贸易支付办法、损失赔偿惯例等，了解和熟知有关国内、国际贸易知识和商务方面的情报和知识。以上这几个方面都必须在采购准备及实施采购过程中细致而妥善地做好，以免因采购工作拖延、采购预算超支或者不能采购到满意或适合的货物或服务而造成项目的损失，影响项目的顺利完成。这一任务要求项目组织、项目采购负责人、采购代理机构通力合作来完成。

会展项目采购不同于一般的制造业物资采购，也不同于一般的项目采购，具有如下几个主要特点。

(1) 会展项目的组织者本身并不拥有什么有形资产，因此采购品大体上可分为产品的采购、服务的采购，甚至整个生产或服务系统的采购。

(2) 利益相关者众多，且各有各的目标，因此如何协调利益相关者目标是必须需要考虑的。

(3) 与生产系统的相对稳定性不同，会展项目不可预计的事情很多，例如会展项目对于供应商主要关心的内容(如预计收入和预计观众人数)几乎都是预测性的，因此对于生产者或者供应商而言，其生产和供应的稳定性会受到一定影响。

(4) 会展项目的采购和物流管理与其他职能是密切相关的，例如会展营销、会展策划、安全保卫(应急疏散)都和商品、服务以及物资供应有关。

(5) 会展项目的采购管理还涉及三个阶段性的过程，即运进过程、现场移动过程、运出过程。

(6) 会展项目的采购具有强烈的时间约束，不能出差错，因此所有物流计划都必须与应急计划紧密相关。

(7) 一些特定资源具有相当长的预订周期，例如演艺明星、专家、会场、酒店等。

(8) 会展项目会形成复杂的采购和服务关系，组织者、观众、供应商彼此形成双向的服务关系，每一方的举动都会影响到其他方面，例如组织者可能禁止观众携带瓶装饮料，如果这是必需的，就得由供应商来提供。会展活动组织者、观众、供应商的双向服务关系如图10-1所示。

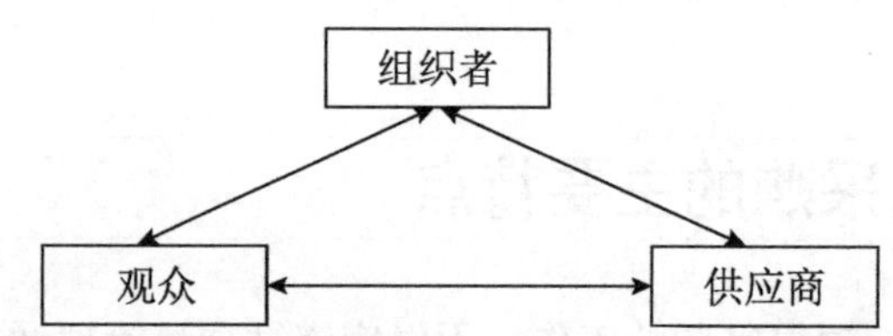

图10-1　会展活动组织者、观众、供应商的双向服务关系

(9) 会展项目组织者、观众、供应商的服务渠道或界面有很多形式，如图10-2所示。

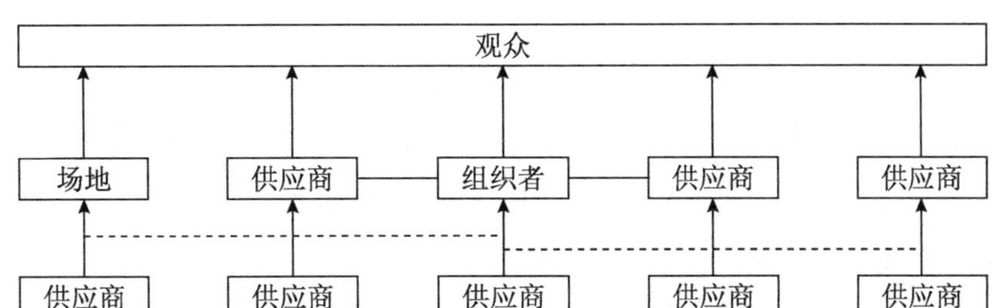

图10-2 会展活动组织者、观众、供应商的服务渠道或界面形式

二、会展项目采购的主要范围

1. 会展项目采购用品和设备的种类

会展项目用品和设备是会展项目赖以进行的物质保障。大型会展项目的数目日益增多，对物质的依赖性日益提高，越是现代化的大型会展项目，越需要高科技的用品和设备。根据会展项目的目的、方式和手段的不同，所需要的用品和设备也不相同。例如，某会展项目所需采购的物品有以下归类，如表10-1所示。

表10-1 某会展活动项目采购物品归类

用品和设备种类	具体内容	作用
基础设施	供水设施、供电设施、通风设施、安保设备、特定器材等	提供基础设施条件保障是大型活动必须具备的活动条件，为大型活动提供基本的功能、服务和安全保障
记录表达用具	笔、墨、纸、簿册等记录信息的传统工具，以及电脑、摄像机、录音设备等	对大型活动项目中的信息进行表达、接受、传递、记载和保存，提高信息传达的视觉效果和听觉效果
通信器材	电话、电视、传真、无线对讲机、计算机及相应通信网络设施	提高大型活动项目的工作效率，同时可以及时反映一些安全事故，加快处理速度
印刷设备	打字机、打印机、扫描仪、复印机等	印刷和复制大型活动项目中需要的文件、海报、宣传资料等
专门用品	服装、气球、标语、五彩旗帜、花卉、奖品及证书等活动现场所需的物品等	营造现场活动的氛围
生活用品	茶叶、茶杯、纸巾、湿巾等物品	活动现场人员所需

2. 会展项目物品租赁和服务外购

许多大型会展项目都是临时性的，项目负责人可以临时租赁一些设备，临时雇佣一些专业人员提供服务。这种做法的好处是不仅可以做到专人专职，还可以进一步降低会展项目举办成本。

(1) 关于租赁用品及设备。有些展演项目需要搭建舞台，所需要的搭建器材、灯光设备、音响设备、显示设备、道具等，如一次性投入购买，花费不菲而且使用频率不高，可以通过租赁的方式来获得。博览会等展览项目所需要的展台搭建器材常常通过招标形式租赁，这样不仅有助于降低成本，还可以有更多的选择机会。

(2) 关于雇佣专业人员提供专业服务。由于一些会展项目的团队成员人手不够或者专业知识不足，或项目人员不了解活动当地的状况，项目负责人往往需要雇佣一些临时性的专业人员，这种做法的实质就是采购服务。一些会展项目还需要雇佣专业的保安人员来保障项目举办地点的安全和活动秩序。项目负责人租赁的场馆可能配有保安人员，但这些保安是为整个场馆服务的，他们关注的重点可能并不是项目本身，项目仍然有可能存在安全隐患。项目负责人需要考虑专门雇佣专职保安人员，不仅负责参加项目人员的人身安全，还负责保护项目的财产安全。有些大型会展项目还会临时雇佣一些保洁人员来维持项目现场的卫生，而有些大型会展项目则需要雇佣专业的摄影师、化妆师、服装设计师等。

三、会展项目采购管理的类型

会展项目的采购管理主要涉及三个方面，即人、产品和设施。按照不同的分类标准，会展项目采购管理的类型有以下几种。

1. 按会展项目的采购形态划分

按照会展项目的采购形态，可以将项目采购分为有形采购和无形采购，其中有形采购包括货物采购和工程采购，无形采购包括服务采购。

(1) 货物采购，是指通过招标或其他方式采购项目所需要的投入物的活动。货物指机械、设备、仪器、仪表、办公设备、建筑材料等，并包括与之相关的服务，如运输、保险、安装、调试、培训、初期维修等。

(2) 工程采购，是指通过招标或其他方式选择工程承包单位的活动，即选定合格的承包商承担项目建设任务以及与之相关的服务。

(3) 服务采购，是指通过招标或其他方式采购服务的活动。常见的服务包括准备性服务，执行服务，技术服务，器材、设备和道具的租赁、保安雇佣等。这些服务在大型会展项目中都有涉及。

2. 按会展项目的采购竞争程度来划分

按照采购的竞争程度可以将采购分为招标式采购和非招标式采购。在使用招标式采购时，关于如何发布招标信息、如何评标等问题都要严格按照国家相应的法律政策规定进行。

第二节 会展项目采购管理的规划

一、会展项目采购规划的基本步骤

会展项目采购管理的规划是记录会展项目采购决策、明确采购方法、识别潜在卖方的过程。规划采购的基本步骤，主要包括以下几方面。

(1) 收集和识别会展项目的所有需求，即识别出哪些项目需求最好或必须从项目组织外部采购产品、服务或成果来实现，而哪些项目需求可以由项目团队自行完成。

(2) 考虑是自制还是外购，决定是否需要取得外部支持。如果需要取得外部支持，则还要决定采购什么、如何采购、采购多少以及何时采购。如果项目需要从执行组织外部取得所需的产品、服务和成果，则每次采购都要经历从规划采购到结束采购的各个过程。

(3) 考虑对潜在卖方的要求，考虑怎样选择卖方。

(4) 把会展项目进度计划、估算活动资源等整合起来进行考虑。

(5) 考虑自制或外购决策所涉及的风险，审查为减轻风险而拟用的合同类型。

二、会展项目采购规划的主要依据

规划采购通常要依据的主要文件有以下几项。

1. 会展项目管理的范围基准

会展项目管理的范围基准是描述会展项目的需要、合理性、需求和现行边界的文件。范围基准包括范围说明书、工作分解结构(WBS)和WBS的解说文件。会展项目范围说明书包括项目范围描述、服务描述和成果描述、可交付成果清单和验收标准，以及有关技术问题的重要信息或可能影响成本估算的事项；会展项目范围说明书还包括各种制约因素，如要求的交付日期、可用的熟练资源以及相关组织政策。WBS和WBS的解说文件可以提供WBS相关的工作详细说明，可以查到各个可交付成果，以及为完成每个可交付成果而需进行的WBS组成部分的工作内容。

2. 会展项目采购管理的需求文件

会展项目采购管理的需求文件通常包括与采购规划有关的、关于项目需求的重要信息，也可能包括带有合同和法律含义的需求文件，如有关健康、安全、安保、绩效、环境、保险、知识产权的文件或执照或许可证。在规划采购时，管理当局需要全部考虑这些信息。

3. 会展项目采购合作协议

会展项目采购合作协议主要是指两个或多个实体为形成伙伴关系、合资关系或由各方商定的其他关系而订立的合同协议。该协议确定各方的买方及卖方角色。一旦新商业机会结束，合作协议宣告终止。合作协议一旦生效，就会对会展项目采购的规划过程产生显著影响。所以，项目一旦有了合作协议，买方和卖方角色就会被预先安排，而诸如工作范围、竞争需求和其他重要问题等事项通常也会被事先确定。

4. 会展项目采购的风险登记册

会展项目采购的风险登记册记录与风险有关的信息，如已识别的风险、风险责任人和风险应对措施。

5. 与会展项目采购风险相关的合同决策

与会展项目采购风险相关的合同决策包括保险协议、担保协议、服务协议和其他协议。这些协议明确了各方对特定风险的责任。

6. 会展项目采购的活动资源需求

会展项目采购的活动资源需求主要包括诸如所需人员、设备或地点的信息。

7. 会展项目进度计划

会展项目进度计划主要包括有关时间表或强制交付日期的信息。

8. 会展项目采购活动成本估算

会展项目采购活动成本估算可使用采购活动所编制的成本估算，进而用这些估算评价潜在卖方提交的投标书或建议书的合理性。

9. 会展项目采购成本绩效基准

会展项目采购成本绩效基准主要提供了基于时间段的预算细节。

10. 会展项目运行环境因素

会展项目运行环境因素包括多种，比如市场条件、供应商情况、适用于项目行业的典型条款和条件、当地的独特要求等。

三、会展项目采购规划的主要方法

规划采购常用的方法包括以下几种。

1. 自制或外购分析

这是一种通用的管理技术，用来确定某项工作是由项目团队自行完成，还是必须从外部采购。有时，虽然会展项目组织内部具备相应的能力，但由于相关资源正在从事其他项目，所以为了满足进度要求，也仍然需要从会展项目组织外部进行采购。有时，预算会成为制约会展项目采购的重要因素，可能会影响自制或外购决策。如果决定购买，则应继续做出购买或租赁的决策。自制或外购分析应考虑全部相关成本，包括直接成本与间接成本。例如，买方在分析外购时，既要考虑购买会展项目所需资源本身的实际支出，也要考虑为支持采购过程和维护该资源所发生的间接成本。

2. 专家判断

专家的技术判断常用来评估采购规划过程的输入和输出。专家的采购判断可用来制定或修改卖方建议书评价标准。专家的法律判断是法律工作者所提供的相关服务，可以用来协助判断一些比较特殊的采购事项、条款和条件。这些判断体现为关于专家商务和技术方面的专长，不仅适用于需要采购的产品、服务或成果的技术细节，也适用于采购管理过程的各个方面。

3. 合同类型

买卖双方的风险分担通常是由合同类型来决定。一般情况下，人们比较喜欢固定总价合同，大多数会展项目团队的组织都鼓励甚至经常要求使用固定总价合同。但是，在有些情况下，其他某种合同类型可能对会展项目更加有利。如果拟采用非总价类型的合同，会展项目团队就必须说明使用该种合同的合理性。通常所选择的合同类型以及具体的合同条款和条件，决定着买卖双方各自承担的风险水平。

常用的合同类型有以下几种。

(1) 总价合同。此类合同是为既定产品或服务的采购设定一个总价。总价合同也可以为达到或超过项目目标(如进度交付日期、成本和技术绩效或其他可量化、可测量的目标)而规定财务奖励条款。卖方必须依法履行总价合同，否则要承担相应的违约赔偿责任。采用总价合同，买方必须准确定义要采购的产品或服务。虽然允许范围变更，但范围变更通常会导致合同价格提高。较常见的三种总价合同是固定总价合同、总价加激励费用合同、总价加经济价格调整合同。

① 固定总价合同。这是较常用的合同类型。大多数买方都喜欢这种合同，因为采购

的价格在一开始就被确定了，并且通常不允许改变，除非项目的工作范围发生变更。因合同履行不好而导致的任何成本增加都由卖方负责。在这种合同下，买方必须准确定义要采购的产品和服务，对采购规范的任何变更都可能增加买方的成本。

② 总价加激励费用合同。这种总价合同为买方和卖方都提供了一定的灵活性，它允许有一定的绩效偏离，并对实现既定目标给予财务奖励。通常，财务奖励都与卖方的成本、进度或技术绩效有关。绩效目标一开始就要制定好，而最终的合同价格要待全部工作结束后根据卖方绩效加以确定。在这种合同中，要设置一个价格上限，卖方必须完成工作并且要承担高于上限的全部成本。

③ 总价加经济价格调整合同。如果卖方履约要跨越相当长的周期，比如数年，就应该使用这种合同类型。如果买卖双方之间要维持多种长期关系，也可以采用这种合同类型。它是一种特殊的总价合同，允许根据条件变化，比如通货膨胀、某些特殊商品的成本增加或降低，以事先确定的方式对合同价格进行最终调整。这种合同条款必须规定用于准确调整最终价格的、可靠的财务指数。通常情况下，这种合同试图保护买方和卖方免受外界不可控情况的影响。

(2) 成本补偿合同。此类合同是向卖方支付为完成工作而发生的全部合法实际成本，外加一笔费用作为卖方的利润。成本补偿合同也可以为卖方超过或低于预定目标，比如成本、进度或技术绩效目标而规定财务奖励条款。较常见的三种成本补偿合同是成本加固定费用合同、成本加激励费用合同和成本加奖励费用合同。如果会展项目的工作范围在开始时无法准确定义，则需要在以后进行调整；如果会展项目的工作任务存在较高的风险，就可以采用成本补偿合同，这样做可以使会展项目具有较大的灵活性，以便重新安排卖方的工作。

① 成本加固定费用合同。这种合同是为卖方报销履行合同工作所发生的一切可列支成本，并向卖方支付一笔固定费用，该费用以项目初始成本估算的某一百分比计算。费用只能针对已完成的工作来支付，并且不因卖方的绩效而变化。除非会展项目范围发生变更，费用金额维持不变。

② 成本加激励费用。这种合同是为卖方报销履行合同工作所发生的一切可列支成本，并在卖方达到合同规定的绩效目标时，向卖方支付预先确定的激励费用。在这种合同中，如果最终成本低于或高于原始估算成本，则买方和卖方需要根据事先商定的成本分摊比例来分享节约部分或分担超出部分。例如，基于卖方的实际成本，按照80/20的比例分担超过目标成本的部分。

③ 成本加奖励费用。这种合同是为卖方报销履行合同工作所发生的一切合法成本，但是，只有在满足了合同中规定的某些笼统、主观的绩效标准的情况下，才能向卖方支付大部分费用。完全由买方根据自己对卖方绩效的主观判断来决定奖励费用，并且卖方通常

无权申诉。

(3) 工料合同。这是兼具成本补偿合同和总价合同的某些特点的混合型合同。在不能很快编写出准确的工作说明书的情况下，管理当局经常使用工料合同来增加人员、聘请专家以及寻求其他外部支持。

四、会展项目采购规划的主要成果

规划采购的主要成果是一系列规定的管理文件。这些文件包括以下几项。

1. 会展项目采购管理计划

会展项目采购管理计划用来描述如何管理从编制采购文件直到合同收尾的各个采购过程。会展项目采购管理计划通常包括如下内容：①拟采用的合同类型、风险管理事项；②标准化的采购文件；③如何管理多个供应商；④如何协调采购工作与会展项目的其他工作；⑤可能影响采购工作的制约因素和假设条件；⑥如何进行自制或外购决策，并把该决策与估算活动资源和编制进度计划等过程联系在一起；⑦如何在每个合同中规定合同可交付成果的进度日期，以便与进度计划编制和进度控制过程相协调；⑧如何识别履约担保或保险合同的需求，以减轻某些项目风险；⑨如何识别预审合格的卖方；⑩如何识别用于管理合同和评价卖方的采购测量指标。根据每个会展项目的需要，会展项目采购计划可以是正式或非正式的，可以是详细的或高度概括的。它是会展项目管理计划的子计划。

2. 采购工作说明书

采购工作说明书是依据会展项目范围基准，为每次采购编制的工作说明书，对将要包含在相关合同中的那一部分会展项目范围进行定义。采购工作说明书应该详细描述拟采购的产品、服务或成果，以便潜在卖方确定他们是否有能力提供这些产品、服务或成果。至于应该详细到何种程度，会因采购品的性质、买方的需要或拟用的合同形式而异。工作说明书中包括规格、数量、质量、性能参数、履约期限、工作地点和其他内容。采购工作说明书应力求清晰、完整和简练。采购工作说明书还应该说明任何所需的附带服务，如绩效报告或项目后的运营支持等。某些应用领域对采购工作说明书有特定的内容和格式要求。每次采购都需要编制采购工作说明书。不过，管理当局可以将多个采购服务组合成一个采购包，由一个采购工作说明书全部覆盖。在采购过程中，管理当局可以根据需要对采购工作说明书进行修订和改进，直到合同签订，使采购工作说明书成为合同的一部分。

3. 自制或外购决策

自制或外购决策记录了哪些产品、服务或成果需要从会展项目组织外部采购的决定，或者哪些产品、服务或成果应该由会展项目团队自行提供的决定。它也可能包括为应对某些已识别风险而购买保险或履约担保的决定。自制或外购决策文件可以比较简单，只包括一份清单和简要的决策理由。如果后续的采购活动表明需要采用不同的方法，则可以修改自制或外购决策。

4. 采购文件

采购文件是用于征求潜在卖方的建议书。如果主要依据价格来选择卖方，通常就使用标书、投标或报价等术语。如果主要依据其他考虑，比如技术能力或技术方法来选择卖方，通常就使用诸如建议书这类术语。不同类型的采购文件有不同的常用名称，比如信息邀请书、投标邀请书、建议邀请书、报价邀请书、投标通知、谈判邀请书等，具体的采购术语可能因行业或采购地点而异。买方拟定的采购文件应便于潜在卖方做出准确、完整的应答，还要便于对卖方应答进行评价。采购文件中应该包括应答格式要求、相关的采购工作说明书以及所需的合同条款。对于政府采购，法规可能规定了采购文件的部分甚至全部内容和结构。采购文件的复杂和详细程度应与采购的价值和风险水平相适应。采购文件既要足以保证卖方做出一致且适当的应答，又要具有足够的灵活性，允许卖方为满足既定要求而提出更好的建议。买方通常应该按照所在组织的相关政策，邀请潜在卖方提交建议书或投标书。管理当局可通过公开发行的报纸、商业期刊、公共登记机关或因特网来发布邀请。

5. 供方选择标准

供方选择标准通常是采购文件的一部分。制定这些标准是为了对卖方建议书进行评级或打分。标准可以是客观或主观的。如果很容易从许多合格卖方获得采购品，则选择标准可局限于购买价格。这种情况下，购买价格既包括采购品本身成本，也包括所有附加费用，如运输费用。对于比较复杂的产品、服务或成果，还需要确定和记录其他的选择标准。例如对需求的理解、技术能力、管理方法、技术方案、财务实力、企业规模和类型、卖方以往业绩、知识产权、所有权等。

6. 变更请求

规划采购过程可能导致对会展项目管理计划、子计划以及其他组成部分提出变更请求。通过实施整体变更控制过程对变更请求进行审查和处理。

第三节　会展项目采购管理的实施

实施采购是会展项目采购管理中获取卖方应答、选择卖方并授予合同的过程。在这个过程中，项目采购管理团队收到投标书或建议书，通常会按事先确定的选择标准选出一家或多家有资格履行工作并且可接受的卖方。一般会根据初步建议书列出一份合格卖方的短名单，随后再对他们所提交的更具体和全面的文件进行更详细的评价。对于大宗采购，管理当局可以反复寻求卖方应答和评价应答。

一、实施会展项目采购的主要依据

实施采购时要遵循的主要依据包括以下几项。

(1) 会展项目管理计划。会展项目管理计划包含采购管理计划的部分，因此是实施采购的重要依据。

(2) 会展项目采购规划文件。

(3) 供方选择标准。供方选择标准通常包括供方能力、交付日期、产品成本、生命周期成本、技术专长以及拟使用的方法等。

(4) 合格卖方清单。合格卖方清单能够根据卖方资质及其以往经验，预先筛选出卖方名单，以便只向那些能够履行未来合同的卖方进行采购。

(5) 卖方建议书。卖方为响应采购文件而编制的建议书，是一套基本的信息组合。采购评价小组将对其进行评价，来选择一个或多个中标人。

(6) 会展项目文件。常用的会展项目文件包括采购风险登记册以及与风险相关的合同决策。

(7) 合作协议。在某些情况下，卖方可能已经在某种临时合同下与会展项目团队开展工作。通常，买方和卖方要共同编制一份符合会展项目需要的采购工作说明书，并就最后的合同进行谈判。

(8) 潜在卖方的以往经验。潜在的和以往的合格卖方的相关经验，包括正、反两方面的信息。

二、实施会展项目采购的主要路径

1. 投标人会议

投标人会议又称承包商会议、供货商会议或投标前会议，就是在投标书或建议书提交之前，买方和所有潜在卖方之间召开的会议。召开投标人会议的目的是保证所有潜在卖方对本项采购的技术要求和合同要求都有清楚且一致的理解，保证任何投标人都得到优待。通过投标人会议，管理当局要把问题答案以修正案的形式纳入采购文件。为公平起见，买方必须尽力确保每个潜在卖方都能听到任何其他卖方所提出的问题，以及买方所做出的每一个回答。

2. 建议书评价技术

对于复杂的采购，如果要基于卖方对既定加权标准的响应情况来选择卖方，则应该根据买方的采购政策，规定一个正式的建议书评审流程。在授予合同之前，建议书评价委员会将做出他们的选择，并报管理层批准。

3. 独立估算

对于许多采购，采购组织可以自行编制独立估算，或者邀请外部专业估算师做出成本估算，并将此作为标杆，用来与潜在卖方的应答做比较。如果两者之间存在明显差异，则可能表明采购工作说明书存在缺陷或不明确，或者潜在卖方误解了或未能完全响应采购工作说明书。

4. 专家判断

专家判断可用来评价卖方建议书。会展项目管理小组可以组建一个多学科评审团队对建议书进行评价。团队中应包括采购文件和相应合同所涉及的全部领域的专家，也可能需要各职能领域的专业人士，如合同、法律、财务、会计、工程、设计、研究、开发、销售和制造。

5. 广告

在大众媒体、专业媒体上发布广告或公告，可以扩充现有的潜在卖方名单。对于政府采购，大部分政府机构都会要求公开发布公告。这些广告或公告总是与网络媒体相结合。因特网对许多项目采购和供应链建立有很大作用。在因特网上，会展项目管理小组可以快速找到很多商品、零配件以及其他现货，并以固定价格订购，但这种方法不适用于风险高、复杂程度高、必须严密监督的采购工作。

6. 采购谈判

在合同签署之前，买方与卖方之间要对合同的结构、要求以及其他条款加以澄清，以取得一致意见。最终的合同措辞应该反映双方达成的全部一致意见。谈判的内容应包括责任、进行变更的权限、适用的条款和法律、技术和商务管理方法、所有权、合同融资、技术解决方案、总体进度计划、付款以及价格等。谈判过程以形成买卖双方均可执行的合同文件而结束。对于复杂的采购，合同谈判可以是一个独立的过程；对于简单的采购，合同的条款和条件可能是以前就已确定且不可谈判的，只需卖方接受。

三、实施会展项目采购的最终成果

1. 选定卖方

根据建议书或投标书评价结果，那些被认为有竞争力，并且已与买方商定了合同草案的卖方，就是选定的卖方。对于较复杂、高价值和高风险的采购，在授予合同前需要得到会展项目组织高级管理层的批准。

2. 授予采购合同

要向每个选定的卖方授予采购合同。采购合同可以是简单的订购单，也可以是复杂的文件，无论合同的复杂程度如何，都是对双方具有约束力的法律协议。它强制卖方提供指定的产品、服务或成果，强制买方给予卖方相应补偿。合同文件的主要内容会有所变化，但通常包括工作说明书或可交付成果描述、进度基准、绩效报告、履约期限，也包括价格、支付条款、交付地点、检查和验收标准、保险和履约担保，以及合同终止和替代争议解决方法等。替代争议解决方法可以事先确定，作为采购合同授予的一部分。

3. 采购资源日历

采购资源日历记载了签约资源的数量和可用性，以及每个特定资源的工作日或休息日。

4. 变更请求

实施采购所涉及的变更，对会展项目管理计划和其他组成部分的影响，要形成变更请求，并提交实施整体变更控制过程审查与处理。

第四节　会展项目采购管理的控制

一、会展项目采购管理控制的首要任务

管理采购是管理采购关系、监督合同绩效以及采取必要的变更和纠正措施的过程。在这个过程中，合同管理是首要任务。买方和卖方都出于相似的目的而管理采购合同。管理采购时，要让买方、卖方双方都要确保履行合同义务，也要确保双方的合法权利得到

保护。管理采购旨在确保卖方的绩效达到采购要求，并且买方也按合同条款履约。

在管理采购过程中，需要把适当的会展项目管理过程应用于合同关系，并要把对这些过程的管理控制整合进会展项目的整体管理中。如果会展项目有多个卖方，这种整合就经常需要在多个层次上进行。需要应用于合同关系的会展项目管理过程包括以下几项：授权卖方在适当时间开始工作；监督合同范围、成本、进度和技术绩效；实施质量控制，检查和验证卖方产品是否符合要求；报告绩效。

在管理采购过程中，还需要进行财务管理工作，监督向卖方的付款。该工作旨在确保合同中的支付条款得到遵循，并按合同规定确保卖方所得的款项与实际工作进度相适应。向供应商支付时，需要重点关注支付金额是否与已完成工作紧密联系起来。

在管理采购过程中，应该根据合同来审查和记录卖方当前的绩效或截至目前的绩效水平，并在必要时采取纠正措施。可以通过这种绩效审查，考察卖方在未来项目中实施类似工作的能力。在需要确认卖方未履行合同义务，并且买方认为应该采取纠正措施时，也应进行类似的审查。

管理采购还包括根据合同终止条款来管理合同工作的提前终止。在合同收尾前，如果经过双方共同协商，可以随时根据合同的变更控制条款对合同进行修改。不过，这种修改并不总是同样有利于买卖双方。

二、会展项目采购管理控制的基本依据

会展项目采购管理控制所要遵循的基本依据包括以下几项内容。

1. 会展项目采购的工作说明书

会展项目采购的工作说明书通常包含会展项目管理各采购过程所需要的各种支持性信息，这些采购工作说明书是进行管理采购的重要依据。

2. 会展项目采购管理计划

采购管理计划是描述如何管理从编制采购文件到合同收尾的一系列采购过程，是管理采购过程最为详细的文件。

3. 会展项目采购合同

会展项目采购合同是管理采购的首要重点。

4. 会展项目采购绩效报告

会展项目采购绩效报告主要包括由卖方编制的技术文件和其他文件、卖方绩效报告

等，这些报告显示出哪些可交付成果已经完成，哪些还没完成，是管理采购进行绩效评价的重要依据。

5. 会展项目采购的变更请求

在采购过程中，可能会涉及对合同条款和条件的修改，例如采购工作说明书、合同价格等都有可能发生变更。在把变更付诸实施前，需要以书面形式正式记录变更并取得正式批准，这些经过批准的变更记录是管理采购的重要依据。

三、会展项目采购管理控制的基本路径

会展项目采购管理控制常用的基本路径包括以下几项。

1. 控制会展项目采购合同的变更

对采购的管理控制要规定好修改合同的流程，并按规定执行。具体内容包括采购合同的争议解决程序、各种合同变更所需要的审批层次和步骤等。

2. 审查会展项目的采购绩效

在会展项目采购管理控制过程中，要依据合同来审查卖方完成会展项目任务和达到质量要求的情况，具体内容包括审查卖方履约情况的好坏、对采购工作说明书的进展情况以及未履行合同的情况。

3. 审查会展项目采购的支付系统

卖方保质保量地完成相关工作，买方要向卖方支付应付款，所有支付都应该严格按照合同条款进行，并要有相应的文件记录，管理采购要及时审查这项工作。

4. 控制变更管理

采购过程中，可能买卖双方会因为采购变更发生分歧，由此会使变更请求成为有争议的问题。在会展项目采购管理控制过程中通常会围绕着索赔、争议或诉求产生有争议的变更，要通过合同管理来控制这些变更分歧。如果合同双方无法自行解决索赔问题，就需要按照合同中规定的替代争议解决程序进行处理。谈判是解决所有索赔和争议的首要方法。

5. 对管理控制建立完整的文件记录

会展项目经理需要建立文件记录管理档案，始终管理好采购合同、采购文件和相关记录，并建立一套特定的流程，利用相关的制度规定保证执行，以保证控制项目采购时可以检索到必要的合同文件和往来函件。

四、会展项目采购管理控制的最终成果

会展项目采购管理控制最终需要获得的工作成果主要包括以下几项。

1. 采购文件的完整档案

这是管理采购的文件系统，包括采购合同以及全部支持性进度计划、未获批准的合同变更请求和已获批准的变更请求，也包括由卖方编制的相关文件和相关绩效信息。通过这个完整的采购文件档案，管理当局能够从文件里发现采购过程的所有记录及相关凭证。例如卖方绩效报告、包括发票和付款记录在内的财务文件，以及与合同相关的检查结果等。

2. 验收采购

在会展项目每个采购工作任务单次结束的时候，需要确认全部工作是否已经完成、可交付成果是否已经达成，这些都需要通过采购验收来实现。验收采购还包括处理未决索赔、更新采购记录，以及要把相关信息存进文件档案等。验收采购需要针对每个采购合同进行。合同条款和条件通常规定好了结束采购、验收采购的具体程序。如果有未能解决的采购合同争议，在双方协商未果的情况下，就需要进入诉讼程序。在验收采购阶段，合同仍然是约束买方和卖方权利和责任的重要依据。

3. 采购绩效评价

会展项目采购管理小组首先对卖方执行现有合同的能力和水平、评价不良绩效等进行全面评价，再根据绩效评估结果把卖方纳入合格或不合格卖方清单，针对将来是否继续合作对卖方进行合作评级。

第五节 会展项目政府采购和招投标管理

一、我国政府采购的基本情况

政府采购又称为公共采购，是指各级国家机关、事业单位和团体组织，使用财政性资金，采购依法制定的集中采购目录以内的或者采购限额标准以上的货物、工程和服务的行为。我国会展产业的快速发展，离不开国家和省市各级政府部门的大力扶持，很多地方

政府对当地的会展项目给过不同程度的财政拨款支持。会展行业的项目化运作中，很多项目会采用政府采购方式。会展行业推行政府采购，旨在为行业发展营造公开透明、公平竞争、公正诚实信用的氛围。

《中华人民共和国政府采购法》于2002年6月29日通过，2003年1月1日起施行，并于2014年8月3日修正。推行政府采购制度是实施财政支出管理和宏观经济调控的重要手段，它有利于各级政府以有限的公共资金为社会提供更多更好的公共服务；有利于使政府消费行为市场化；有利于重点扶持对国民经济增长具有拉动效应的项目、部门、产业的发展；有利于公共财政基本框架的建立。《中华人民共和国政府采购法实施条例》自2015年3月1日起施行。各省、自治区、直辖市人民政府依据国家、国际规定，结合本地区实际情况，分别颁布了相关管理办法。

二、我国政府采购的特点

1. 采购主体的特定性

政府采购的主体是依靠国家财政资金运作的政府机关、事业单位和社会团体等。

2. 资金来源的公共性

政府采购的资金来源为财政拨款和需要由财政偿还的公共借款，其最终来源为纳税人的税收和公共服务收费。

3. 采购目标的非商业性

政府采购是通过买为政府部门提供消费品或向社会提供公共利益，是为用而买，不是为卖而买，因此，它不以盈利为目标，是一种非商业性采购。

4. 采购活动的政策性

采购主体在采购时不能体现个人的偏好，必须遵循国家政策和采购目录的要求，包括最大限度地节约支出，购买本国货物、工程和服务，并执行节能产品、环保标志产品、中小企业、福利企业等政府采购政策。

三、会展项目政府采购招投标的基本方式

会展项目的政府招标采购主要包括公开竞争招标和邀请招标两种方式。

1. 公开竞争招标

公开竞争招标通过行业网站或媒体发布招标通告，凡对招标项目感兴趣又符合投标条件的法人单位均可参加投标。这种采购方式的优点是公平竞争，给一切符合条件的供应商平等的机会，采购方挑选供应商的范围比较广，价格竞争激烈；其缺点是招标工作量大，审查资质周期长，采购管理费用增加，可能会出现低水平标书。这种采购方式适用于技术含量低、大众化的项目。

2. 邀请招标

邀请招标是由招标单位邀请符合招标条件、在本行业具有雄厚实力和丰富的相关项目经验的单位参加投标，一般需要三家以上供应商参加投标。这种采购方式的优点是招标成本低，招标周期短，有利于项目迅速开工，技术实力有保证；其缺点是竞争不够公平，不能广泛地挖掘供应商，采购价格可能不是很令人满意。

四、会展项目政府采购招投标的基本流程

会展项目政府采购招投标流程包括以下10个步骤。

1. 准备招标文件，编写标书

标书包括采购项目名称，采购单位信息、联系人，招标公司信息、联系人，领取标书时间、地点，投标时间、地点，开标时间、地点，投标人应具备的资质，采购物品的名称、规格、技术指标、数量，评标办法，投标人需提交的材料，履约保证金的要求及其他合同一般条款。

2. 发布招标公告

招标公告的目的是让所有符合招标条件的供应商参加投标。招标公告内容包括采购项目名称，采购单位名称、地址、联系方式，招标公司名称、地址、联系方式，采购货物名称数量；有时公布标底，领取标书时间、地点，投标时间、地点等。

3. 购买或领取标书

通过标书了解项目招标的详细内容、资质要求及应提交的材料。

4. 现场勘查、答疑

对项目现场进行勘察，了解项目的具体内容，与客户面对面交流，充分了解客户的需求，为制作投标书获得一手资料。此步骤是中标的关键环节，只有充分满足客户需求的供

应商才有中标的机会，客户不会选择不能满足自身需求的供应商。

5. 投递标书

按时提交投标书，不要延误，一般情况下，超过约定的投标时间，招标方不再接收投标书。另外，招标文件要求的资质材料和各种证明材料要齐备，份数要满足要求。投标保证金要按时足额交付。若投标单位缺少重要的材料，在资质审查时可能会被取消投标资格；材料不完整对评标也是非常不利的，对评标分数有很大影响。

6. 组织评标小组

评标小组人员的人数一般为单数，由专家、客户、项目发起单位、招标组织单位人员构成。参与招标的人员还有公证处人员或纪检机关人员、记录人员等。

7. 开标

开标的步骤包括拆封和唱标。

(1) 拆封。拆封即拆封人请公证人检查拆封投标文件封条是否完好；如果完好，拆封人当众拆封投标文件封条。

(2) 唱标。唱标即向评标人和投标单位当众宣读投标者名称、投标项目、投标总金额、交货期、售后服务条款等，以上内容请投标人确认，体现公平公正。

8. 评标、决标

首先，仔细阅读各投标单位的投标书内容，比较各投标书投标内容的差异，根据评标办法和打分标准，专家给每个投标单位独立打分，一般从报价、产品质量、规格、型号、工艺、售后服务等方面进行打分，得分最高的投标单位为中标单位。其次，撰写评标结果报告，详细阐述评标过程和中标单位产生的原因，列出中标金额、节约资金情况。最后，评标专家在评标结果报告书上签字。

9. 发出中标通知

招标单位根据评标结果向中标单位发放中标通知书，中标通知书具有法律依据，表明此投标单位中标，具有排他性。中标单位要在约定的时间与采购单位签订采购合同，如果双方协商后无法达成采购合同，可以取消中标单位，选择排名其后的投标单位为中标单位。

10. 签订采购合同

项目采购招标工作以签订采购合同为招标工作结束的标志。双方依据招标文件、投标文件协商采购合同有关条款，最终签订采购合同。

五、会展项目政府采购招投标的案例

某政府大型节庆项目安检设备的投招标邀请函

××招标有限公司受委托，现就××项目安检防爆器材购置和租赁采购项目进行公开招标，欢迎符合条件的合格投标人提交密封投标书。

(1) 项目名称：××项目安检防爆器材购置和租赁采购

(2) 招标编号：××××××××××××

(3) 招标内容(见下表)

招标器材具体信息

序号	器材名称	单位	数量	控制金额/万元	总控制金额/万元
01	通道式X光机(购置)	台	8	128	288.7
02	彻底视频探测器(镜)	台	4	4	
03	探雷器	台	3	2.1	
04	水陆功能检查仪	套	1	6.5	
05	多动能电子检查镜	套	4	20	
06	手持视频软管窥镜	套	5	18	
07	专用运输车	辆	1	25	
08	遥控定向聚能水压爆炸物销毁器	套	1	0.8	
09	多功能射线检测仪	套	7	6.3	
10	多功能自动排爆罐	套	1	15	
11	辅助器材	批	1	33	
12	通道式X光机(租赁)	台	6	30	

投标人应具备《政府采购法》第二十二条规定的条件；本项目不接受联合体投标。投标应对所有的采购内容进行投标，投标者必须具备独立完成本项目材料采购与现场安装的能力和资质，中标后不允许分包、转包。

(4) 招标资格标准：(略)

(5) 招标文件公示：北京时间2010年7月8日至2010年7月14日公示。依据《××省实施政府采购法办法》第三十五条规定，现将本项目招标文件在××省政府采购网进行公示，由投标人自行下载。

(6) 购买招标文件时间/地点：(略)

(7) 招标文件售价：(略)

(8) 接收授标文件时间/地点：(略)

(9) 投标截止时间：(略)

(10) 开标时间/地点：(略)

××市国际招标有限公司

××××年×月

复习思考题

1. 会展项目采购的基本概念和特点是什么？
2. 会展项目采购的基本内容是什么？
3. 会展项目采购管理的主要类型和程序是什么？
4. 会展项目政府采购招投标的基本步骤有哪些？

第十一章
会展项目风险管理

学习目标

理解和掌握会展项目风险的概念与特点；会展项目风险管理的内容和过程；会展项目风险识别和风险估计的方法和技术；会展项目风险应对措施等。

基本概念

会展项目风险；会展项目风险管理；会展项目风险识别。

进行会展项目风险管理，是为了降低会展项目消极事件的概率和影响、提高会展项目积极事件的概率和影响。会展项目风险管理，具体包括风险管理规划、风险识别、风险估计、风险应对过程。具体而言，在会展项目风险管理规划阶段，定义如何实施风险管理活动；在会展项目风险识别阶段，判断哪些风险会影响项目；在会展项目风险估计阶段，评估风险影响的大小；在会展项目风险应对阶段，针对项目目标，制定降低风险威胁的方案和措施。

第一节 会展项目风险管理规划

一、会展项目风险的类型

会展项目风险源于项目所处环境和条件中的不确定性，也源于项目团队不能准确预见和不能控制的因素。会展项目从构思那一刻起，就存在风险。在会展项目推进过程中，如果不积极进行风险管理，实际发生的风险就可能给项目造成严重影响，甚至导致项目失败。

从类别上来看，会展项目风险存在于多个领域，有来自人员的风险，也有来自技术的风险，通常可以分为技术管理风险、项目管理风险、组织风险、项目外部风险。

1. 技术管理风险

一般说来，在会展项目中采用新技术或技术创新是提高项目绩效的重要手段，但也会带来一些问题，许多新的技术未经证实或被充分掌握，很有可能会影响会展项目的成功。

2. 项目管理风险

项目管理风险包括因会展项目计划不到位、立项评审太草率以及项目经理不懂管理等产生的风险。

3. 组织风险

组织风险中一个重要的风险就是会展项目决策时所确定的项目范围、时间与费用之间的矛盾。项目范围、时间与费用是会展项目的三个要素，它们之间相互制约，这三者不合理的匹配必然导致项目执行困难而产生风险。组织中的文化氛围同样会导致一些风险的产生，如团队合作和人员激励不当导致人员离职等。组织风险还包括公司领导支持不到位、缺乏资金、项目组织人员流失等带来的风险。

4. 项目外部风险

项目外部风险主要是指会展项目的政治、经济环境的变化，包括与项目相关的规章或标准的变化，组织中雇佣关系的变化等。这类风险对会展项目的影响较大。外部风险来自项目开发的环境，如社会环境、国家的规章制度、法律法规的变化；自然环境的变化，如地震、战争、水灾等给项目带来的风险。

二、会展项目风险管理规划的作用

要想取得会展项目的成功，项目执行组织需要在整个项目期间积极、持续地开展风险管理。在整个项目过程中，会展项目执行组织的各个层级都需要积极地识别并有效地管理风险。对于风险管理全过程而言，会展项目风险管理的规划是重中之重的工作。

会展项目风险管理的规划是定义如何实施项目风险管理活动的过程。规划好会展项目的风险管理可以确保及时识别出风险的影响程度、类型，并及时采取相应的风险管理措施；规划好会展项目的风险管理，还可以为风险管理活动安排充足的资源和时间，并为评估风险奠定一个共同认可的基础。规划风险管理在项目构思阶段就应开始，并在项目规划阶段的早期完成。

三、会展项目风险管理规划的依据及形式

会展项目风险管理的规划需要依据会展项目范围说明书、会展项目成本管理计划、会展项目进度管理计划、会展项目沟通管理计划等文件进行。这些项目文件对会展项目管理的可交付成果、会展项目的风险预算和应急储备、会展项目中的互动关系等都做出了规定，能够为风险管理提供实施基础和条件。

会展项目的风险管理规划通常采用规划会议的形式，来讨论和制订风险管理计划。参加规划会议的人主要包括会展项目经理、相关项目团队成员和干系人、组织中负责管理风险规划和应对活动的人员，以及其他相关人员。

通过风险管理规划会议达成的工作内容包括以下几项。

(1) 要将实施风险管理活动的总体计划确定下来。

(2) 要将用于风险管理的成本种类和进度活动确定下来，并将其分别纳入会展项目的成本预算和进度计划中。

(3) 要将风险应急储备的行动计划确定下来。

(4) 要将风险管理的职责分配落实到具体的岗位角色上。

(5) 要将风险管理步骤中所用到的文件管理模板确定下来。

最终，这些工作内容要汇总形成会展项目的风险管理计划。

四、会展项目风险管理计划的内容

风险管理计划要描述如何安排和实施项目风险管理，它是会展项目管理计划的子计划。通常，会展项目风险管理计划包括如下内容。

(1) 会展项目风险管理的方法，即确定并描述风险管理将使用的方法、工具及数据来源。

(2) 会展项目风险管理的角色和职责，即确定并描述会展项目风险管理计划中每项活动的领导者和支持者，以及风险管理团队的成员及其职责。

(3) 会展项目风险管理的预算，即估算会展项目风险管理所需的资金，将其记入会展项目成本绩效基准，并建立应急储备的使用方案。

(4) 会展项目风险管理的时间安排，即确定并描述在会展项目生命周期中实施风险管理的时间和频率，将其纳入会展项目进度计划中。

(5) 会展项目风险管理的风险类别，即全面、系统地识别会展项目可能承受的各种风险，并对风险进行预先的分类，作为分类管理准备。

(6) 会展项目风险管理的报告格式，即制定风险登记册的内容和格式，用于将风险管理过程的结果进行记录、分析和沟通。

第二节 会展项目风险的识别

会展项目风险的识别是判断哪些风险会影响会展项目的过程。在风险识别活动中，会展项目全体人员都要参与风险识别工作，其中尤其以会展项目经理、项目团队成员、风险管理团队、客户、项目团队之外的主题专家、最终用户、干系人和风险管理专家的参与为关键。识别会展项目风险是一个反复进行的工作。会展项目团队要督促团队成员积极参与风险识别工作，进而创造并维持团队成员的主人翁感和责任感。

一、会展项目风险识别的主要内容

会展项目风险识别的主要工作内容包括以下几项。

1. 识别并确定会展项目有哪些潜在的风险

这是会展项目风险识别的第一项关键工作任务。只有确定会展项目可能会遇到哪些风险，才能够进一步分析这些风险的性质和后果。在会展项目风险识别工作中，首先要全面分析会展项目发展与变化中的各种可能性和风险，从而识别出会展项目潜在的各种风险，并整理汇总成会展项目风险清单。

2. 识别引起这些风险的主要影响因素

这是会展项目风险识别的第二项关键工作任务。只有识别清楚各个风险的主要影响因素，才能把握会展项目风险的发展变化规律，才有可能对会展项目风险进行进一步应对和控制。在会展项目风险识别活动中，首先要全面分析各个风险的主要影响，以及它们的影响方式、影响方向、影响力度等。然后运用图表、文字说明或数学公式等方式将这些风险的主要影响同项目风险的相互关系描述清楚。

3. 识别会展项目风险可能引起的后果

这是会展项目风险识别的第三项关键工作任务。在识别出会展项目风险及其主要影响以后，还需要全面分析风险可能带来的后果及其严重程度。风险识别的根本目的是要缩小和消除风险带来的不利后果，同时争取扩大风险可能带来的有利结果。在这一阶段，对于项目风险的识别和分析主要是定性分析，定量的风险分析将在会展项目风险估计中给出。

二、会展项目风险识别的主要方法

会展项目风险识别的方法很多，既有结构化方法，也有非结构化方法；既有经验性方法，也有系统性方法。其中，会展项目条目检查表是较常见的风险识别方法。

风险条目检查表是利用一组提问来帮助会展项目风险管理团队了解会展项目在内容和技术上有哪些风险。在风险条目检查表中，列出所有可能的与每个风险因素有关的提问，使风险管理团队集中来识别常见的、已知的和可预测的风险。风险条目检查表可以以不同的方式编制，通过判断分析和假设分析，给出这些提问确切的回答。

一般可以采用如下几种检查表。

1. 会展项目规模风险检查表

会展项目的风险是直接与项目规模成正比的。与会展项目规模相关的常见风险因素有以下几项：①会展项目规模的估算方法。②会展项目规模估算的可信任度。③会展项目的用户数。④会展项目创建或使用的数据库大小。⑤会展项目的需求变化。

如果这些问题中的任何一个问题的答案是“多”或“大”，则需要对这项因素进行进一步的研究，以评估其潜在的风险。

2. 会展项目需求风险检查表

很多会展项目在确定需求时会面临一些不确定性，如果这类问题解决不好，就会产生错位的服务或客户不满意的服务。与客户需求相关的风险影响因素有以下几项：①对客户的服务需求是否清晰认识。②对客户的服务需求是否认同。③进行服务需求调查时客户是否充分参与。④是否确定客户服务的优先需求。⑤是否缺少有效的客户需求变化管理过程。⑥是否对客户需求的变化缺少相关分析。

3. 商业影响风险检查表

与商业风险有关的常见风险因素有以下几项：①会展项目对公司收入的影响。②会展项目交付期限的合理性。③会展项目是否与用户的需要相符合。④最终用户的水平。⑤ 延迟交付所造成的成本消耗。⑥会展项目缺陷所造成的成本消耗。

4. 相关性风险检查表

与外部环境相关的因素有以下几项：①客户供应条目或信息。②内部或外部转包商的关系。③交互成员或交互团体依赖性。④经验丰富人员的可得性。⑤会展项目的复用性。

5. 管理风险检查表

会展项目管理风险检查表的内容：①计划和任务定义是否充分。②项目所有者和决策者是否分得清。③是否有不切实际的管理承诺。④员工之间是否有冲突。

6. 技术风险检查表

会展项目技术风险检查表的内容：①是否缺乏培训。②对方法、工具和新的技术理解是否充分。③应用领域的经验是否充分。

7. 人员数目及经验风险检查表

会展项目人员数目及经验风险表的内容：①是否有最优秀的人员可用。②人员在技术上是否配套。③是否有足够的人员可用。④会展项目中是否有一些人员只能部分时间工作。⑤会展项目人员对自己的工作是否有正确的期望。⑥会展项目人员是否接受过必要的培训。⑦会展项目人员的流动是否仍然保证工作的连续性。

如果这些问题中的任何一个问题的答案不是肯定的，则需要对这项因素进行进一步的研究，以评估潜在的风险。

三、会展项目风险识别的其他方法

1. 系统分解法

利用系统分解的原理，将一个复杂的会展项目分解成比较简单和容易认识的子系统或系统元素，从而识别各子系统或系统元素造成的风险。

2. 故障树分析法

故障树分析法是利用图表的形式，将大的故障分解成各种小的故障，或对各种引起故障的原因进行分析。该方法经常用于直接经验较少的风险识别，主要优点是比较全面地分析了所有的风险因素，形象化，直观性较强。故障树分析图，如图11-1所示。

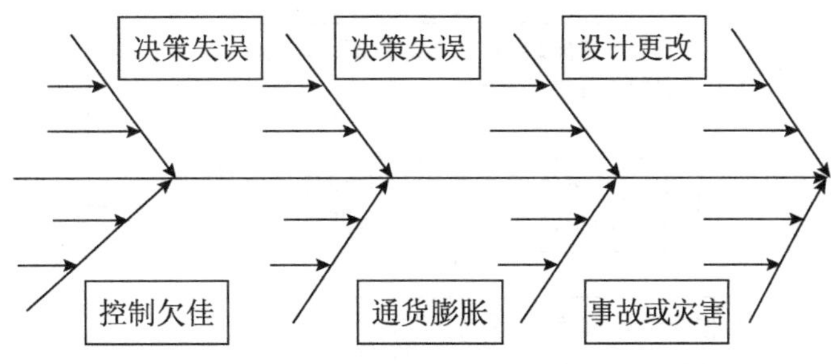

图11-1　故障树分析图

3. 流程图法

会展项目流程图是给出一个会展项目的工作流程，图示出会展项目各部分之间的相互关系。会展项目流程图具体包括项目系统流程图、项目实施流程图和项目作业流程图等，这些流程图形式各样，详略不同。流程图法，就是使用这些流程图去全面分析和识别会展项目风险。这种方法的结构化程度比较高，对于识别会展项目的系统风险和各种风险要素是非常有用的。项目流程图能够帮助项目风险识别人员分析和识别会展项目的风险，包括会展项目各个环节存在的风险，以及各个项目风险的起因和影响。运用这种方法得出的会展项目风险识别结果还可以为后面项目实施中的风险应对提供依据。典型项目风险识别方法流程图，如图11-2所示。

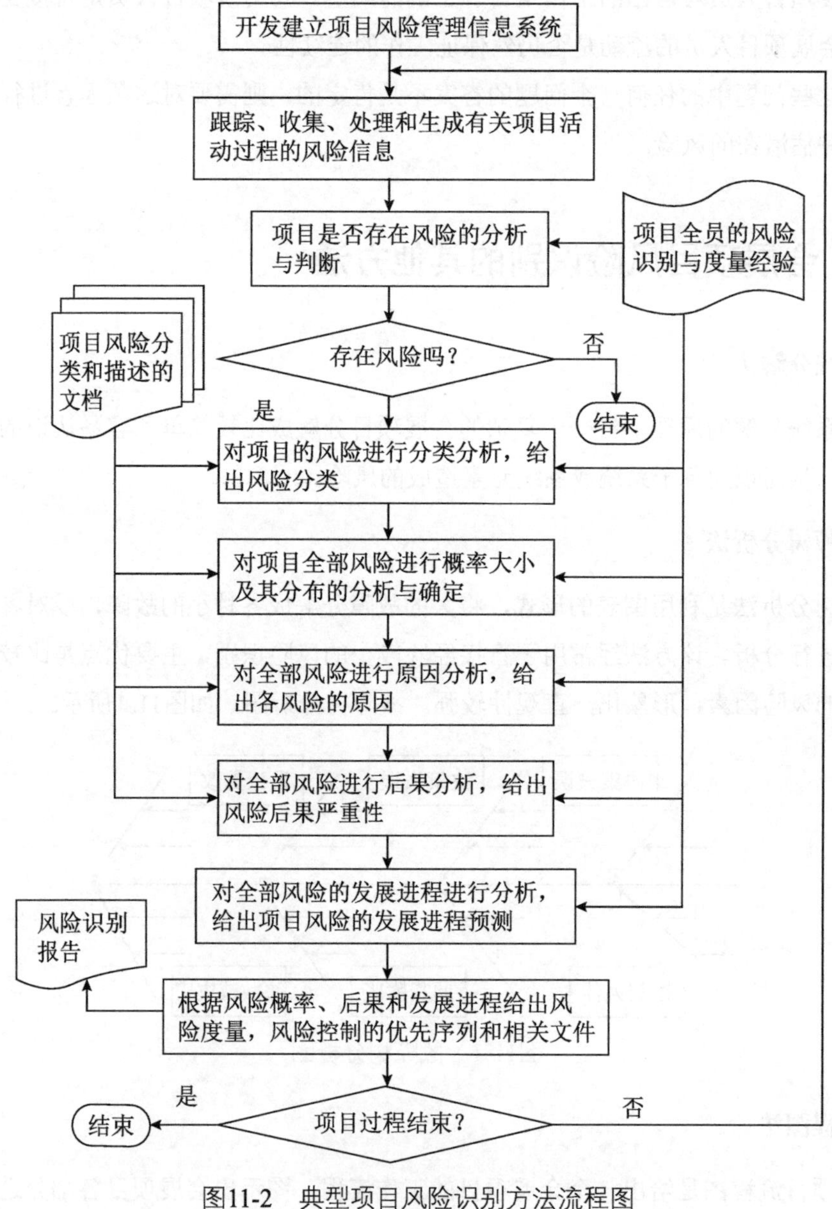

图11-2　典型项目风险识别方法流程图

4. 头脑风暴法

头脑风暴法的核心是专家们之间通过思想信息交流，通过思维共振和组合，形成更高级的思想信息。这种方法是通过专家会议的形式进行的，因而也称为专家会议法。对于风险识别来说，头脑风暴法是一种运用创造性思维、发散性思维和专家经验，通过会议的形式去分析和识别会展项目风险的方法。在使用这种方法识别会展项目风险时，要允许各方面的专家和分析人员畅所欲言，搜寻和发现会展项目的各种风险。

使用这种方法时，通常需要讨论以下问题：如果进行这个项目会遇到哪些风险？风险的危害程度如何？风险的主要成因是什么？风险事件的征兆有哪些？风险有哪些基本特性？

对于人员规模较大，并且人员经验较为丰富的项目，利用头脑风暴法识别项目风险具备很好的优势和效率。头脑风暴会议后，会展项目经理要对识别的风险逐一分析，初步判断一次，剔除一些优先级明显较低的风险，把优先级高的风险记录到会展项目的风险记录表单中，进行更深入的分析。

5. 情景分析法

情景分析法是通过对会展项目未来的某个状态或某种情况或情景的详细描述，并分析情景中的风险和风险要素，来识别会展项目风险的一种方法。在会展项目风险分析与识别中，需要有这样一种能够识别各种引发风险的关键因素及其影响程度的方法。情景的描述可以用图表或曲线，也可以用文字。对于涉及因素较多、分析计算比较复杂的会展项目风险识别，情景分析法可以借助计算机完成。这种方法一般需要先给出会展项目情景描述，然后变动会展项目某个要素，再分析变动后会展项目情况变化和可能的风险与风险后果。

四、会展项目风险识别的结果

会展项目风险识别之后，要把结果写成书面文件整理出来，为风险分析的其余步骤做铺垫。会展项目的风险识别结果主要包括以下几方面。

1. 已识别的会展项目风险

已经识别的会展项目风险是风险识别的重要结果，这些结果可以列表给出，故将这种风险识别结果称为项目风险清单。该清单是由一系列可能发生的风险事件构成，这些项目风险都是可能影响会展项目最终结果的可能事件。会展项目风险的列表要尽可能地容易理解和详尽。

会展项目风险识别结果通常包括以下几项：会展项目目标或会展项目需求的改变；会

展项目设计错误、遗漏和误解；会展项目范围定义不清；会展项目团队成员角色和责任的理解有误；会展项目估算错误；缺少合格的团队成员；等等。对于已识别项目风险的描述应该包括已识别项目风险发生概率的估计、风险可能影响的范围、项目风险发生的可能时间范围、项目风险事件可能带来的损失等。

2. 可能潜在的会展项目风险

可能潜在的会展项目风险是一些独立的项目风险事件，比如自然灾害、特殊团队成员的辞职等。与已识别的项目风险不同，可能潜在的项目风险是尚没有迹象表明将会发生的，但是人们可以想象到的一种主观判断性项目风险。当然，潜在的项目风险可能会发展成真正的项目风险。所以对于可能性的潜在项目风险，管理当局应该注意跟踪和严格评估，特别是当可能潜在的风险向项目实际风险转化的情况下更应注意。

3. 会展项目风险的征兆

会展项目风险的征兆，是指那些指示项目风险发展变化的现象或标志，这又被称作项目风险触发器。例如，士气低落可能会导致会展项目绩效低下，从而可能出现会展项目工期拖延风险，士气低落就是会展项目工期风险的征兆；国家或地区如果发生通货膨胀，可能会使会展项目所需资源的价格上涨，从而引发会展项目实际成本突破会展项目预算的风险，通货膨胀就是会展项目预算风险的征兆。会展项目风险的征兆较多，管理当局要全面识别和区分清楚主要和次要的会展项目风险征兆。

风险识别出来后，重要信息要记录下来，形成一个风险清单，识别其存在的根本原因，确定潜在的应对措施。不同的风险应该指派相应的应对负责人。

下面是一个会展项目风险识别清单，如表11-1所示。

表11-1　会展项目风险清单

风险变量	风险描述	负责人
市场风险	展位销售量不能达到预期目标的可能性	
技术风险	展位设计错误、遗漏和误解	
组织风险	项目团队成员角色和责任的理解有误，缺少合格的团队成员等	
促销风险	进行投资的资金在促销活动中损失的可能性	
财务风险	项目的收益将不能偿还贷款，因而不能盈利的可能性	
社会政治风险	政治动乱，比如罢工、暴乱、战争、恐怖主义、宗教混乱等	
成本估计风险	项目将超支的可能性	
进度风险	项目将延期的可能性	
操作风险	设备不能完全发挥功能	
整合风险	项目发起者、项目团队等各个独立的实体不能有效合作的可能性	
意外事件风险	如海运设备到国外时，遭遇停航等	

严格地说，会展项目风险不仅包括遭受损失的可能性，还包括一些获得收益的可能性。因此在会展项目风险识别的过程中，还必须全面识别会展项目风险可能带来的威胁和机遇。会展项目风险带来的机遇是一种项目风险的正面影响，而项目风险带来的威胁是一种负面的影响。在会展项目风险识别中，在充分认识项目风险威胁的同时，也要识别项目风险可能带来的各种机遇，并分析项目风险的威胁与机遇的相互转化，以便能够在制定会展项目风险应对措施时，使会展项目风险带来的威胁得以消除，而使项目风险带来的机遇转化成组织的实际收益。有时风险也是一种机会，应该开拓、提高其积极作用。

第三节　会展项目风险估计

会展项目风险估计的过程就是评估已识别风险的影响和可能性大小的过程，确定风险可能造成的影响，同时对风险进行排序，确定特定风险与指导相应风险应对措施的开发。会展项目风险估计活动主要通过定性和定量分析方法，来进行风险度量、风险分类、风险排序。

一、会展项目风险的度量

会展项目风险度量，是指对项目风险和项目风险后果所进行的评估和定量分析。会展项目风险度量的任务是对项目风险发生可能性的大小、项目风险后果的严重程度等做出定量估计或最新情况的统计分布描述。项目风险带有不确定性，存在一定经济损失的可能性。

会展项目风险度量的主要工作内容包括以下几个方面。

1. 会展项目风险可能性的度量

会展项目风险度量的首要任务是分析和估计项目风险发生的概率，即项目发生风险的可能性大小量值。这是会展项目风险度量中最为重要的一项工作。一个项目风险发生概率越高，造成损失的可能性就越大，对它的监控也就越严格，所以在项目风险度量中首先要确定和分析项目风险可能性的大小。

在会展项目风险的实际评估中，通常把风险划分为低风险、中等风险、高风险三个级别。低风险(绿灯状况)，是指风险发生的可能性相当低，其起因也无关紧要，一般只需要按照正常的方式对其加以监控，而不需要采取其他的专门措施来处理该类风险。中等风险(黄灯状况)，是指对项目质量、费用或进度将产生较大影响的风险。这类风险发生的可能性相当高，需要对其进行严密监控。高风险(红灯状况)，是指发生的可能性很高，其后果将对项目有极大影响的风险。

对不同级别的风险可采取不同的预防和监控措施，通过对风险级别的划分，会展项目风险管理团队能够直接了解风险大小，采取有力措施进行风险处置，把会展项目风险减少到可控范围之内。

2. 会展项目风险后果的度量

会展项目风险度量的第二项任务是分析和估计会展项目风险后果，即项目风险可能带来的损失大小。这也是会展项目风险度量中一项重要的工作。即使一个项目风险的发生概率不大，但它一旦发生就会给整个项目成败造成严重的影响，也需要对它进行严格控制。对后果的度量标准如表11-2所示。

表11-2　项目风险后果的度量

准则	成本	进度示例	质量目标
低	低于1%	比原计划落后1周	对项目质量稍微有影响
中等	低于5%	比原计划落后2周	对项目质量有一定影响
高	低于10%	比原计划落后1个月	对项目质量有严重影响
关键的	10%或更多	比原计划落后1个月以上	无法完成任务

3. 会展项目风险影响范围的度量

会展项目风险度量的第三项任务是分析和估计项目风险影响的范围，即项目风险可能影响项目的哪些方面和工作。这也是会展项目风险度量中一项重要的工作。即使一个项目风险发生概率和后果的严重程度都不大，但它一旦发生就会影响到项目各个方面和许多工作，也需要对它进行严格控制，以防止因其发生而搅乱项目的整个工作和活动。

4. 会展项目风险发生时间的度量

会展项目风险度量的第四项任务是分析和估计项目风险发生的时间，即项目风险可能在项目的哪个阶段和什么时间发生。这同样很重要，因为对于项目风险的控制和应对措施都是根据项目风险发生时间安排的，越先发生的项目风险就越应该优先控制，而对后发生的项目风险可以通过监视和观察它们的各种征兆，做进一步识别和度量。

在会展项目风险度量中，人们需要克服各种认识上的偏见。这包括项目风险估计上的主观臆断、对于项目风险估计的思想僵化、缺少概率分析的能力和概念等。

二、定性风险估计方法

风险估计的方法很多，一般有定性风险估计和定量风险估计。无论哪一种方法工具，都各有各自的优缺点，无论是在估计风险发生的概率，还是风险的影响程度，都会不可避免地受到人的主观因素的影响。

1. 定性风险分析

定性风险估计是针对风险概率及后果绩效定性的评估。顾名思义，定性分析主要是从一些概念方面或者用一些不很精确的表述，对风险的性质、特性、后果的影响大小做一个分析和排序。定性风险分析是评估已识别风险的影响和可能性的过程，主要是对风险概率及后果绩效定性的评估，往往采用历时数据、概率分布法、风险后果估计法等。这类方法可以用来确定风险对项目目标可能产生的影响，可以对风险进行排序。它在明确特定风险和指导风险应对方面十分重要，这类方法往往需要重复使用，以监控项目风险的变化。定性分析可以采用一些数字来表示风险的大小，但数字分析主要是在一些经验或者经验估计的基础上进行的。

在定性分析中经常会用到“概率”“后果”这些术语。风险的概率是指某一个风险发生的可能性。使用定性术语可以将风险的概率及其后果描述为极高、高、中、低、极低五档，如表11-3所示。风险后果是指风险一旦发生对项目目标产生的影响。风险的概率和后果这两个维度适用于具体风险事件，而不适用于项目整体。使用风险概率和风险后果来分析风险，可以帮助项目团队甄别出哪些风险需要强有力的控制与管理。例如，将风险的影响度分为4个等级，如表11-4所示。

表11-3 风险发生概率的定性等级

等级	等级说明
A	极高
B	高
C	中
D	低
E	极低

表11-4 风险后果影响的定性等级

等级	等级说明
I	灾难性的
II	严重
III	轻度
IV	轻微

将上面的风险发生概率和后果的影响等级编制成矩阵，并分别给出定性的加权指数，可形成风险评估指数矩阵，指数1到20是根据风险事件的可能性和严重性水平综合而确定

的。通常，将最高风险指数定为1，对应风险事件是频繁发生的并有灾难性的后果；最低指数定为20，对应风险事件几乎不可能发生并且后果是轻微的，如表11-5所示。

表11-5 风险发生概率的定性等级矩阵

影响等级 概率等级	I(灾难性的)	II(严重)	III(轻度)	IV(轻微)
A(极高)	1	3	7	13
B(高)	2	5	9	16
C(中)	3	6	11	18
D(低)	4	10	14	19
E(极低)	12	15	17	20

由于这种风险评估指数通常是主观制定的，而且定性的指标有时没有实际意义，因此这是定性评估的一大缺点。

2. 风险影响评级

用定性的分析方法也可以给出风险运算的计算方法。但与定量的风险分析比较，这种评估只是一个框架式的大致分析，如果要进一步进行风险分析，还需要采取进一步的定量化。在结合概率和后果范围的基础上，可以建立一个为风险或条件打分(如极高、高、中、低和极低)的矩阵。高概率和后果严重的风险可能需要进一步的量化分析和积极的风险管理。

正常的风险的概率值介于0(没有可能)和1(确定)之间。由于专家的判断经常缺乏历史信息数据的支持，估定风险概率可能很困难。我们可以使用一种顺序度量法，如使用0.1、0.3、0.5、0.7、0.9作为具体概率赋值。

要进行风险的影响分析，首先对风险评级打分做出定义，如什么是非常低，什么是低、中、高、非常高，用一个表格来表示，如表11-6所示。

表11-6 风险影响评级表

评估一个风险对项目主要目标的影响					
项目目标	非常低 0.05	低 0.1	中 0.2	高 0.4	非常高 0.8
成本	不明显的成本增加	成本增加小于5%	成本增加介于5%～10%	成本增加介于10%～20%	成本增加大于20%
进度	不明显的进度	进度拖延小于5%	项目整体进度拖延5%～10%	项目整体进度拖延5%～10%	项目整体进度拖延20%
范围	范围减少几乎不被察觉	范围的次要部分受到影响	范围的主要部分受到影响	范围的减少不被业主接受	无项目最终产品
质量	质量等级降低几乎不被察觉	只有某些苛求的工作受到影响	质量的降低需要得到业主的批准	质量的降低不被业主接受	项目最终产品实际上不能使用

项目目标有成本、进度、范围、质量，具体采用什么样的打分标准，这是项目整体风

险管理计划要做的工作。

根据刚才的分析，把风险发生的可能性大小用数字表示，对某一具体的风险做出评估。在矩阵表中它的大小是从0.1、0.3、0.5、0.7到0.9，影响后果也是从0.05到0.1、0.2、0.4、0.8到非常高，将两个数字相乘，就可以得出不同的数字。如果可能性影响大于0.2以上，则定义为风险比较高，根据这些数据定义高风险区、低风险区，对所有已经识别的风险做一个风险排序，为进一步开发风险的应对措施和风险监控提供良好的基础，如表11-7所示。

表11-7　概率/影响矩阵

对某一具体风险的评估					
概率/影响	非常低 0.05	低 0.1	中 0.2	高 0.4	非常高 0.8
0.9	0.05	0.09	0.18	0.36	0.72
0.7	0.04	0.07	0.14	0.28	0.56
0.5	0.03	0.05	0.1	0.2	0.4
0.3	0.02	0.03	0.06	0.12	0.24
0.1	0.01	0.01	0.02	0.04	0.08

3. 定性风险估计的输出

(1) 会展项目总体风险等级。通过比较风险值、风险等级，会展项目总体风险等级可以指出某一项目与其他项目相比，处于什么位置。根据会展项目的不同风险等级，管理当局向项目派遣相应的人力和其他资源、制定项目收益成本分析决策，对会展项目的启动、执行或撤销提供支持。

(2) 风险优先次序列表。风险优先次序列表包括风险等级(高、中、低)或工作分解结构级别。风险也可以按照急需处理和可稍后处理来分类。

(3) 风险清单。风险清单应该说明风险的相互影响、前后结果以及风险的一些相应特征，从而有利于管理和控制下一步风险。

(4) 风险性质分析，即根据风险的分析结果反映出风险的发展趋势。

对于一些可能发生的项目风险因素，可以用专家法判断每一种风险因素发生的可能性大小、后果影响大小，用打分法或者其他方法给出一个评分，在这个基础上再计算出不同的风险优先次序等级。

三、定量风险估计方法

风险定量分析的目的是对每项风险的发生概率及其对项目目标的影响，以及项目整体风险的程度进行数值分析。该项过程可以采用蒙特卡罗模拟与决策树分析等技术。通过定量风险估计可测定某一特定项目目标的概率；量化项目遭受风险影响的程度，并确定所需成本的大小并安排所需的应急储备；量化各项风险对项目总体风险的影响，甄别出应特别重视的风险；确定理想的和可以实现的成本、进度或范围目标。

风险定量分析一般在风险定性分析之后进行，它要求先识别风险。风险定性分析和风险定量分析过程可分别进行，也可结合进行。采用何种方法取决于时间、有无该预算，以及对风险及其后果进行定性或定量描述的必要性。定量风险管理过程，如图11-3所示。

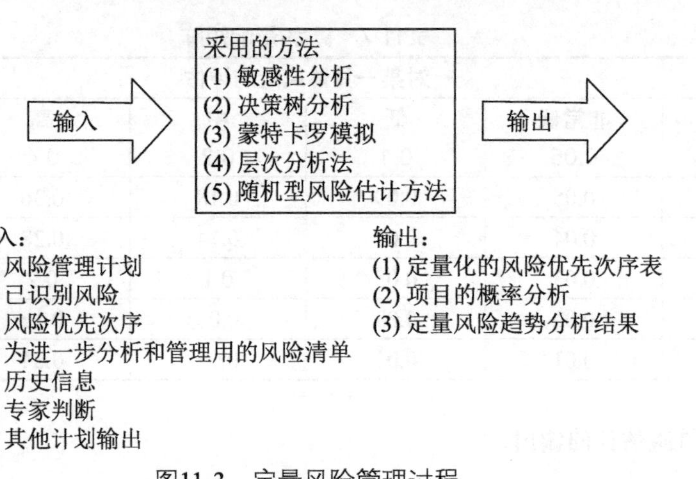

图11-3　定量风险管理过程

用于定量风险分析的方法包括敏感度分析方法、决策树分析方法、蒙特卡罗模拟、层次分析法和随机型风险估计方法等。

1. 敏感性分析

敏感性分析是通过分析、测算一些因素发生变化时评价指标变化的幅度，即分析会展项目中某个不确定因素(如产量、产品价格、固定成本、变动成本、项目生命周期、固定资产投资、流动资金、汇率等)的变动对项目性能指标(如净现值、内部收益率等)的影响。通过敏感性分析，项目风险分析人员可以知道是否需要用其他方法作进一步的风险分析。如果敏感性分析表明，项目不确定因素即使发生很大的变动，项目性能指标也不会发生很大的变化，那么就没有必要进行费时、费力、代价高昂的概率分析。根据项目不确定因素每次变动的数目，可分为单因素敏感性分析和多因素敏感性分析。敏感性分析有助于确定哪些风险对项目具有最大的潜在影响。

2. 决策树分析

决策树分析是指借助树形分析图，根据各种自然状态出现的概率及方案预期损益，计算与比较各方案的期望值，从而选出最优方案的方法。决策树是对所考虑的决策及采用这种或者那种其他现有方案可能产生的后果进行描述的一种图解方法。它综合了风险的概率、每条事件逻辑路径的成本或者收益，以及未来应采取的决策。决策树的求解表明，当所有的不确定后果、成本、收益与随后的决策全部量化之后，哪一项决策能为决策者带来最大的期望值。决策树一般是自上而下生成的。每个决策或事件都可能引出两个或多个事件，导致不同的结果，再把这种决策分支画成树干一样的图形，故称决策树。决策树就是将决策过程各个阶段之间的结构绘制成一张箭线图，如图11-4所示。

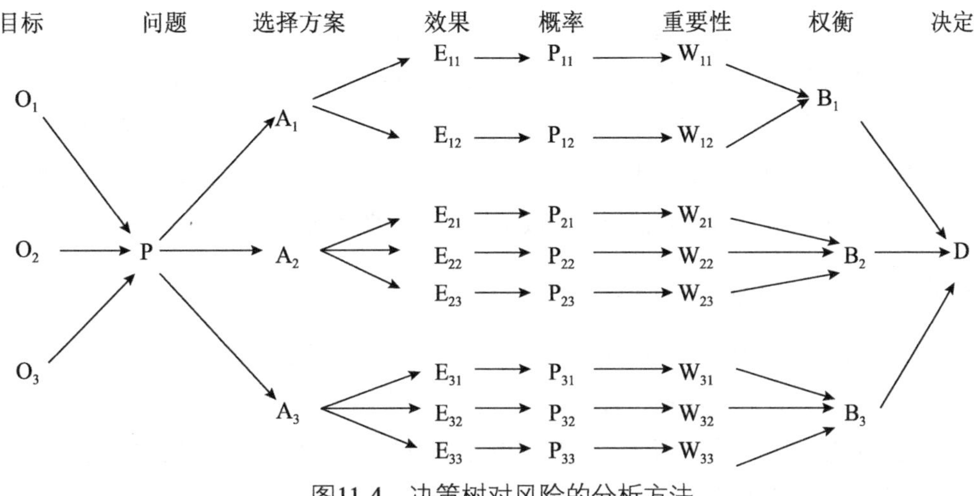

图11-4 决策树对风险的分析方法

决策树分析采用预期货币价值EMV标准，它根据风险发生的概率计算出一种期望的损益，首先分析和估计项目分析概率风险可能带来的损失(用负值表示)或收益(用正值表示)的大小，然后两者相乘得出项目损益期望值，并使用累计的项目损益期望值去度量项目风险。

图11-5是个典型的决策树图，是针对某计划的风险分析。从这个风险看，实施计划后，有75%的成功率，25%的失败率。25%的概率项目有高性能的回报为800 000，75%概率亏本的回报为−100 000。由此，项目成功的损益期望值为(800 000×25%−100 000×75%)×75%=93 750，项目失败的期望值为−50 000，则实施后的损益期望值为93 750−50 000= 43 750，不实施此项目计划的损益期望值为0，故实施本项目。

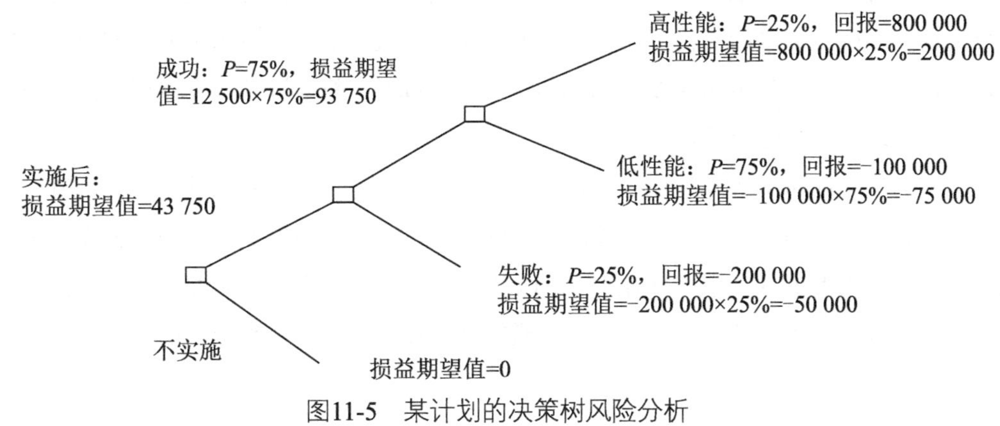

图11-5 某计划的决策树风险分析

3. 蒙特卡罗模拟(Monte-Carlo)

蒙特卡罗模拟又称统计试验法或随机模拟法，是一种随机模拟方法。蒙特卡罗模拟以概率和统计理论方法为基础，将所求解的问题同一定的概率模型相联系，用计算机实现统计模拟或抽样，以获得问题的近似解。

项目管理中蒙特卡罗模拟方法的一般步骤：①对每项活动输入最小、最大和最可能的估计数据，并为其选择一种合适的先验分布模型。②计算机根据上述输入，利用给定的某种规则，快速实施充分大量的随机抽样。③对随机抽样的数据进行必要的数学计算，求出结果。④对求出的结果进行统计学处理，求出最小值、最大值及数学期望值和单位标准偏差。⑤根据求出的统计学处理数据，让计算机自动生成概率分布曲线和累积概率曲线(通常是基于正态分布的概率累积S曲线)。⑥依据累积概率曲线进行项目风险分析。

4. 层次分析法(Analytic Hierarchy Process)

层次分析法简称AHP，20世纪70年代中期由美国运筹学家托马斯·塞蒂(T. L. Saaty)正式提出。它是一种定性和定量相结合的、系统化、层次化的分析方法。层次分析法可以将无法量化的风险按照大小排出顺序，把它们彼此区别开来。层次分析法通常有两个步骤，先确定评价的目标，再明确方案评价的准则，然后把目标评价准则连同方案一起构造一个层次结构模型。在这个模型中目标方案和评价准则处于不同的层次，彼此之间有无关系用线段表示，评价准则可以分为多个层次。层次结构模型做出之后，评价者根据自己的知识、经验和判断，从一个准则层开始向下，逐步确定各层因素相对于上一层各因素的重要性权数，然后经过计算，排出各方案的风险大小顺序。

5. 随机型风险估计方法

随机型风险估计方法即概率分析，它是对不确定因素发生变动的可能性及其对投资项目经济效益的影响进行评价的方法。概率分析的基本原理是假设不确定因素服从某种概率分布的随机变量，因而项目经济效益作为不确定因素的函数必然也是随机变量。通过研究和分析这些不确定因素的变化规律及其与项目经济效益的关系，可以全面了解投资方案的不确定性和风险。概率分析主要包括期望值分析、(均)方差分析以及投资项目的经济效益达到某种要求的可能性分析。

项目管理中随机型风险估计的一般程序：①在平衡点分析和敏感性分析的基础上，确定一个或几个主要的不确定因素。②估算不确定因素可能出现的概率或概率分布。③计算投资项目经济效益的期望值、(均)方差，以及进行期望值和均方差的综合分析。④计算和分析项目经济效益达到某种要求的概率，通常是计算分析净现值小于零的概率或大于零的概率。

在会展项目定量风险估计的基础上，其输出内容包括以下几项。

(1) 列出经量化的风险优先次序清单。罗列出项目的最大威胁或最大机遇及对项目影响的测量。

(2) 项目风险概率分析结果。预测可能的项目进度计划和成本，得出可能的完工日期或项目工期和成本。

(3) 完成成本和时间目标概率。通过完成成本和时间目标概率可以估测完成项目目标的概率。

会展项目风险估计的方法还有很多，如风险当量法、等风险图法、灰色理论系统、模糊分析法、效用理论、计划评审技术(PERT)和图形评审技术(GERT)等，总体来说，这些理论和方法各有所长，进行会展项目风险分析时必须根据项目的实际情况进行选择。

第四节 会展项目风险应对

会展项目风险识别和风险估计的任务是确定项目风险大小及其后果，而制定项目风险应对措施的任务是计划和安排控制项目风险的活动方案。在制定项目风险应对措施的过程中需要采用一系列项目风险决策方法，如在制定项目风险应对措施的工作中，通常应用项目风险成本与效益分析、效用分析、多因素分析和集成控制等。在制定项目风险应对措施时必须充分考虑项目风险损失和代价的关系。这里所说的“代价”是指为应对项目风险而进行的信息收集、调查研究、分析计算、科学实验和采取措施等一系列活动所花的费用。

因此，在制定会展项目风险应对措施时，一方面要设计好会展项目风险应对的措施，尽量减少风险应对措施的代价；另一方面要考虑风险应对措施可能带来的收益，并根据收益的大小决定是否需要付出一定量的代价去应对项目风险，避免得不偿失。

一、会展项目风险应对的主要措施

风险应对措施就是对已经识别的风险进行定性分析、定量分析和进行风险排序，制定相应的应对措施和整体策略。风险管理的基本原则是以最小的成本获得最大的保障。

会展项目风险应对的措施可以采用以下几种方法。

1. 风险回避

风险回避是指主动避开损失发生的可能性。虽然回避风险能从根本上消除隐患，但这种方法明显具有很大的局限性，因为并不是所有的风险都可以回避或应该进行回避。

风险回避的优点体现在如下两个方面：①风险回避方式在风险产生之前将其化解于无形，大大降低了风险发生的概率，有效避免了可能遭受的风险损失。②节省了企业的资源，减少了不必要的浪费，使得企业得以有的放矢，在市场竞争中有所为有所不为。

风险回避的不足之处在于：首先，企业生产经营活动的最终目的是获得价值或利益的最大化，而风险与收益和机会常常相伴而生。回避风险的同时在很大程度上意味着企业放弃了获得收益的机会。其次，因为风险无时不在、无处不在，绝对的风险回避不大可能实现。

另外，风险回避必须建立在准确的风险识别基础上，但因为企业判断能力的局限性，对风险的认知度是存在偏差的，因此风险回避并非总是有效的，久而久之，反而可能助长企业的消极风险防范心理。过度规避风险可能会导致企业丧失驾驭风险的能力，其生存能力也会随之降低。在以上分析的基础上，风险回避是否是最佳的风险处理方式，要依具体情况而定。

风险回避分为积极的风险回避和消极的风险回避。两者都认为企业自身的实力不足以承受可能遭受的风险损失，希望能够尽可能地在风险发生之前，减少其发生的可能性。但积极风险回避和消极风险回避对风险认知的能动性不同，对于每一个风险决策者，其心目中都有一个决策方案的评价标准，进而产生不同的风险预期。从风险的偏好性来说，积极的风险回避者和消极的风险回避者同属于风险厌恶者。

2. 风险转移

转移风险是指通过某种安排，把面临的风险全部或部分转移给另一方。转移风险是应用范围最广、最有效的风险管理手段，保险是其中较常用的风险转移方式。

一般说来，风险转移的方式可以分为非保险转移和保险转移：①非保险转移是指通过订立经济合同，将风险及与风险有关的财务结果转移给别人。在经济生活中，常见的非保险风险转移有租赁、互助保证、基金制度等。②保险转移是指通过订立保险合同，将风险转移给保险公司(保险人)。个体在面临风险的时候，可以向保险人交纳一定的保险费，将风险进行转移。一旦预期风险发生并且造成了损失，则保险人必须在合同规定的责任范围之内进行经济赔偿。

由于保险存在许多优点，所以通过保险来转移风险是较常见的风险管理方式。需要指出的是，并不是所有的风险都能够通过保险来转移，因此，可保风险必须符合一定的条件。

3. 预防风险

预防风险是指采取预防措施，以此来减小损失发生的可能性及损失程度。预防风险涉及一个现时成本与潜在损失比较的问题，若潜在损失远大于采取预防措施所支出的成本，就应采用预防风险手段。

4. 接受风险

接受风险是一种积极的接受活动，就是制订一个风险的应急计划，一旦风险发生，就可以实施风险应急计划。

5. 风险遏制

这是从遏制项目风险事件引发原因的角度出发，控制和应对项目风险的一种措施。例如，对可能出现的因项目财务状况恶化而造成的项目风险，通过采取注入新资金的措施就是一种典型的项目风险遏制措施。

6. 风险化解

这类措施从化解项目风险产生的原因出发，去控制和应对项目具体风险。例如，对于可能出现的项目团队内部冲突风险，通过采取双向沟通、消除矛盾的方法去解决问题，这就是一种风险化解措施。

7. 风险消减

这类措施是对付无预警信息项目风险的主要应对措施之一。

8. 风险容忍

风险容忍措施多数是对那些发生概率小，而且项目风险所能造成的后果较轻的风险事件所采取的一种风险应对措施。这是一种经常使用的项目风险应对措施。

9. 风险分担措施

风险分担措施是指根据项目风险的大小，以及项目团队成员和项目干系人不同的承担风险能力，由他们合理分担项目风险的一种应对措施。这也是一种经常使用的项目风险应对措施。

当然，风险应对并不是一个绝对的概念。风险和收益往往存在对应关系，风险大，通常会带来较高收益，如果一味地去回避高风险，有可能就放弃了获得高收益的机会。具体采用什么样的风险应对策略，要根据会展项目所处环境和不同的项目目标，以及项目干系人对风险的承受能力。

二、会展项目风险应对的依据

制定会展项目风险应对的措施通常有如下依据。

1. 会展项目风险的特性

会展项目风险应对措施要根据风险特性来制定。例如，对于有预警信息的项目风险和没有预警信息的项目风险，管理当局必须采用不同的风险应对措施；对于项目工期风险、项目成本风险和项目质量风险，也需要采用不同的风险应对措施。

2. 会展项目组织抗风险的能力

会展项目组织抗风险的能力决定了一个会展项目组织能够承受多大的项目风险，也决定了会展项目组织对于项目风险应对措施的选择。会展项目组织抗风险的能力，包括许多要素，既包括项目经理承受风险的心理能力，也包括项目组织具有的资源和资金能力等。

3. 可供选择的风险应对措施

对于一个具体的会展项目，可以采用的风险应对措施只有一种是最有效的，要选择最有效的风险应对措施。

三、制定会展项目风险应对措施的成果

1. 会展项目风险管理计划

会展项目风险管理计划是对会展项目全过程中风险管理的目标、任务、程序、责任、措施等一系列内容的全面说明，通常包括对项目风险识别和风险度量的结果说明；对项目风险控制责任的分配和说明；对如何更新项目风险识别和风险度量结果的说明；项目风险管理计划的实施说明；项目预备资金如何分配和如何使用的全面说明、计划与安排；等等。

根据项目的大小和需求，会展项目风险管理计划可以做成正式计划，也可以做成非正式计划；可以是有具体细节的详细计划与安排，也可以是粗略的大体框架式的计划与安排。

2. 会展项目风险应急计划

会展项目风险应急计划是在事先假定项目风险事件发生的前提下，确定的在项目风险事件发生时所应实施的行动计划。会展项目风险应急计划通常是项目风险管理计划的一部

分，但它也可以融入项目管理其他计划中，可以是会展项目范围管理计划或者会展项目质量管理计划的一个组成部分。

3. 会展项目预备金

会展项目预备金是一笔事先准备好的资金，这笔资金也被称为项目不可预见费。它是用于补偿差错、疏漏及其他不确定性事件的发生对项目费用的影响而准备的，在项目实施中可以用来消减项目成本、进度、范围、质量和资源等方面的风险。会展项目预备金在预算中要单独列出，不能分散到项目具体费用中，否则项目管理者就会失去对这种资金的支出控制，会失去运用这笔资金抵御项目风险的能力。当然，盲目地预留项目不可预见费也是不可取的，因为这样会增加项目成本和分流项目资金。

为了使这项资金能够起到更加明确的消减风险作用，通常将预备金备份成几个部分。例如，会展项目预备金可以分为项目管理预备金、项目风险应急预备金、项目进度或成本预备金等。另外，项目预备金还可以分为项目实施预备金和项目经济性预备金，前者用于补偿项目实施中的风险和不确定性费用，后者用于应对通货膨胀和价格波动所需的费用。

4. 会展项目的技术后备措施

会展项目的技术后备措施是专门用于应付会展项目技术风险的，是一系列预先准备好的项目技术措施方案。这些技术措施方案是针对不同项目风险而预想的技术应急方案，只有当项目风险情况出现并需要采取补救行动时才需要使用这些技术后备措施。

复习思考题

1. 会展项目风险产生的原因是什么？会展项目风险有哪些特点？
2. 会展项目风险管理有哪些主要的工作内容？
3. 会展项目风险识别包括的内容有哪些？
4. 会展项目风险对应的主要措施有哪些？

第十二章 会展项目收尾管理

学习目标

理解并掌握会展项目验收的意义、分类以及标准；会展项目验收的组织与管理步骤；会展项目后评价的概念和目的；会展项目后评价的内容；会展项目后评价的组织与管理的内容。

基本概念

会展项目验收；会展项目后评价。

会展项目按照计划实施完成后，并不意味着会展项目管理活动的终结，后续工作主要是检查项目的完成结果是否达到预期的要求，主要包括对完成项目进行多方面的验收、审查与评估；实现项目的移交与清算，分析总结项目的成败原因，为以后的项目管理工作提供经验借鉴。会展项目收尾管理就是对项目收尾阶段的各项工作的管理。

第一节 会展项目验收

一、会展项目验收的意义

当会展项目结束时，及时对项目进行验收，无论是对项目团队、项目客户，还是对项目本身都有非常重要的意义和作用，主要表现在以下几个方面。

(1) 会展项目验收标志着会展项目的结束或阶段性结束。

(2) 若会展项目顺利地通过验收，会展项目的当事人就可以终止各自的义务和责任，从而获得相应的权益，同时意味着会展项目团队的全部或部分任务的完成，项目团队可以总结经验，接受新的项目任务，项目成员可以回到各自的工作岗位或安排合适的工作。

(3) 会展项目验收是保证合同任务完成，提高质量水平的最后关口。通过会展项目验收，可以全面考察项目质量，并能及时发现和解决一些问题。

(4) 通过整理项目验收的档案资料，可以为企业的经营管理等提供全面、系统的文件资料。

二、会展项目验收的分类

1. 按会展项目的生命周期分类

(1) 合同期验收。这是指会展项目团队依据项目目标、项目范围、项目融资等编制出项目进度计划、项目质量标准、费用预算等项目目标文件后，项目客户针对目标文件进行论证验收，其鉴定具有法律效力的合同，可作为项目启动的依据和项目完成后进行评价的标准。

(2) 中间验收。这是指在会展项目实施过程中，由客户、项目团队等根据项目的进度情况对项目进行适时的跟踪检查，以保证项目能在规定时间内，按预算成本达到预定的目标。尤其对于实施过程中遇到困难、有较大变动的项目，对其进行中间验收，可以使各方当事人进一步了解项目情况，以保证项目顺利完成。

(3) 结项验收。这是指会展项目基本完成，由项目客户会同项目团队等有关方面对项目的工作成果进行审查和接收，是项目质量检查的最后关口，也是对项目的总体验收。

2. 按会展项目验收的范围分类

(1) 部分验收。这是指会展项目取得阶段性成果后，项目接收方对阶段性成果进行检验，如果成果合格，可提前投入使用，获得一定的效益。对那些明显地分出阶段性成果的项目，进行部分验收，这样可充分有效地利用资源。通过部分验收报告还可为后续的全部验收奠定基础，做好准备。

(2) 全部验收。这是指会展项目全部完成后，对取得的成果进行全面、综合考核，以便为项目的终结做出合理结论。所有的项目都必须有全部验收的过程。对于大型综合项目，可通过对各个子项目的分部、分项验收，来完成全部验收；对于小型项目，可不必进行分项验收而仅进行全部验收。

3. 按会展项目验收的内容分类

按验收的内容，会展项目验收可以分为项目质量验收和文件资料验收。

三、会展项目验收的标准和依据

会展项目验收标准是判断项目成果是否达到目标要求的依据，因而验收标准应具有科学性和权威性。会展项目验收的标准一般选用国家标准、行业标准和相关的政策法规、国际惯例等。执行的验收标准应反映在项目合同书中。

会展项目合同书规定了在项目实施过程中各项工作应遵守的标准、项目要达到的目标、项目成果的形式及对项目成果的要求等，它是项目实施管理、跟踪与控制的首要依据，具有法律效力。因此，在对会展项目进行验收时，基本标准就是项目合同书。

国标、行业标准和相关的政策法规是比较科学的、被普遍接受的验收标准。项目验收时，如无特殊的规定，可参照国家标准、行业标准及相关的政策法规进行验收。国际惯例是针对一些常识性的内容而言的，如无特殊说明，可参照国际惯例进行验收。

在对会展项目进行验收时，主要依据项目的工作成果和成果文档。工作成果，是项目实施后的结果，项目结束应提供令人满意的工作成果。因此，会展项目验收重点是针对工作成果进行检验和接收。工作成果验收合格，项目实施才可能最终完结。对不同类型的项目，成果文档包含的文件不同。

四、会展项目验收的组织与管理

会展项目验收的组织，是指对项目成果进行验收的组成人员及其组织。由于项目的性质不同，项目验收的组织构成差异较大，如对一般小型服务性项目，只由项目接收人员验收即可，甚至对内部项目，仅由项目经理验收。

会展项目验收人员及其组织的主要职责包括以下内容。

(1) 审查预验收情况报告。

(2) 审查各种项目资料，如项目可行性研究报告、概(预)算、有关项目实施的重要会议记录，以及各种合同、协议等。

(3) 对项目主要设备和设施进行复验和技术鉴定。

(4) 处理交接验收过程中出现的有关问题。

(5) 核定移交过程清单，签订验收证书。

(6) 提交验收工作的总结报告。

第二节　会展项目后评价

一、会展项目后评价的含义和目的

会展项目后评价是指对已完成项目的目的、执行过程、效益、作用和影响所进行的系统的、客观的分析和总结的活动。通过项目活动实践的检查总结，可确定项目预期的目标是否达到，项目的主要效益指标是否实现；通过分析评价找出成败的原因，可总结经验教训；通过及时有效的信息反馈，为提高未来新项目的决策水平和管理水平提供基础。后评价也可为项目实施运营中出现的问题提出改进建议，从而达到提高投资效益的目的。

后评价是一个学习过程，是在项目完成以后，通过对项目目的、执行过程、效益、作用和影响所进行的全面、系统分析，总结正反两方面的经验教训，使项目的决策者、管理者和实施者学习到更加科学合理的方法和策略，从而提高项目决策、管理和建设水平。

会展项目后评价还具有重要的监督功能，与项目的前期评估、中间实施阶段的检查和后期评价监督结合在一起，构成了会展项目管理完整的监督机制。

二、会展项目后评价的内容

项目后评价的内容通常包括项目效益后评价和项目管理后评价。项目效益后评价主要是对应于项目前评价而言的，是指项目结束后对项目投资经济效果的再评价。项目管理后评价是指当项目结束以后，对实施阶段的项目管理工作所进行的评价，其目的是通过对项目实施过程的实际情况的分析研究，全面总结项目管理经验，为今后改进项目管理服务。

1. 会展项目效益后评价

项目效益后评价是项目后评价的重要组成部分。它以项目实际取得的效益(经济、社会、环境等)及其隐含在其中的技术影响为基础，重新测算项目的各项经济数据，得到相关的投资效果指标，然后将它们与项目前期评估时预测的有关经济效果值(如净现值、内部收益率、投资回收期等)、社会环境影响值进行对比，评价和分析其偏差情况及其原因，吸取经验教训，从而为提高项目效益服务。

项目效益后评价具体包括经济效益后评价、社会效益后评价、项目可持续性后评价以及项目综合效益后评价。其中，会展经济效益包括直接经济效益和间接经济效益。直接经济效益是指会议和展览所成交的金额，如参展商的订单收益等；间接经济效益是指会展所带来的门票收入、广告收入，以及餐饮、交通、住宿等方面的收益。社会效益是指会展活动的举办以及会展举办地获得的社会影响力和示范效应。

项目评价的成功度可分为五个等级。①完全成功，即项目各项指标都已全面实现或超过，相对成本而言，项目取得巨大效益和影响。②成功的(A)，即项目的大部分目标已经实现，相对成本而言，项目达到了预期效益和影响。③部分成功(B)，即项目实现了原定的部分目标，相对成本而言，只取得了一定的效益和影响。④不成功的(C)，即项目实现的目标非常有限，相对成本而言，几乎没有产生什么正效益和影响。⑤失败的(D)，即项目目标是不现实的，无法实现的，相对成本而言，项目不得不终止。

2. 会展项目管理后评价

项目管理后评价是以项目验收和项目效益后评价为基础，结合其他相关资料对项目整个生命周期中各阶段管理工作进行评价。会展项目管理后评价的目的是通过对项目各阶段管理工作的实际情况进行分析研究，形成项目管理情况的总体概念；通过分析、比较和评价，了解目前项目管理的水平；通过吸取经验和教训，以保证更好地完成以后的项目管理工作。

项目管理后评价主要包括以下几方面内容。①投资者的表现。评价者要从项目立项、准备、评估、决策和监督等方面来评价投资者和投资决策者在项目实施过程中的作用和表现。②借款人的表现。评价者要分析评价借款者的投资环境和条件，包括执行协议能力、资格和资信，以及机构设置、管理程序和决策质量等。③项目执行机构的表现。评价者要分析评价项目执行机构的管理能力和管理者的水平，包括合同管理、人员管理和培训，以及与项目受益者的合作等。④外部因素的分析。影响到项目成果的还有许多外部的管理因素，如价格的变化、国际国内市场条件的变化、自然灾害、内部形势不安定等，评价者要对这些因素进行必要的分析评价。

三、会展项目后评价的组织与管理

会展项目后评价一般包括选定后评价项目、确定后评价范围、选择执行项目后评价的咨询单位和专家、会展项目后评价的执行和会展项目后评价报告。

1. 后评价项目的选定

一般而言，选定后评价项目有以下几条标准：①由于项目实施而引起运营中出现重大问题的项目；②一些非常规的项目，如规模过大、内容复杂或带有试验性的新项目；③发生重大变化的项目；④急迫需要了解项目作用和影响的项目；⑤可为即将实施的国家预算、宏观战略和规划原则提供信息的项目；⑥为投资规划计划确定未来发展方向的有代表性的项目；⑦对开展行业部门或地区后评价研究有重要意义的项目。

2. 会展项目后评价范围的确定

由于项目后评价的范围很广，一般后评价的任务限定在一定的内容范围内。

国际上后评价委托合同通常有以下内容：①项目后评价的目的和范围；②提出评价过程中所采用的方法；③提出所评项目的主要对比指标；④确定完成评价的经费和进度。

3. 会展项目后评价咨询单位和专家的选择

项目后评价通常分两个阶段实施，即自我评价阶段和独立评价阶段。在项目独立评价阶段，需要委托一个独立的评价咨询机构去实施。一般情况下，需要确定一名项目负责人，该负责人不应是参与过此项目前期评估和项目实施的人。该负责人聘请并组织项目后评价专家组来实施后评估。后评价咨询专家的聘用要根据所评项目的特点、后评价要求和专家的专业特长及经验来选择。项目后评价专家组由“内部”和“外部”两部分人组成。所谓“内部”，就是被委托机构内部的专家，由于他们熟悉项目后评价过程和报告程序，了解后评价的目的和任务。这样选择一方面是因为可以顺利实施项目后评价，另一方面是因为费用较低。所谓“外部”，就是项目后评价执行机构以外的独立咨询专家。

4. 会展项目后评价的执行

在项目后评价任务委托、专家聘用后，后评价即可开始执行。

后评价的类型很多，要求各不相同，一般会包括以下内容：①资料信息的收集。项目后评价的基本资料应包括项目自身的资料、项目所在地区的资料、评价方法的有关规定和指导原则等。②后评价现场调查。项目后评价现场调查应事先做好充分准备，明确调查任务，制定调查提纲。调查任务一般应回答以下问题：项目基本情况、目标实现程度、作用和影响、分析和结论。后评价项目现场调查后，应对资料进行全面认真的分析，回答以下主要问题：总体结果、可持续性、方案比选、经验教训。

5. 会展项目后评价报告

项目后评价报告是评价结果的汇总，是反馈经验教训的重要文件。后评价报告必须反映真实情况，报告的文字要准确、简练，尽可能不用过分生疏的专业化词汇；报告内容的结论、建议要和问题分析相对应，并把评价结果与将来规划和政策的制定、修改相联系。

后评价报告的编写应遵循结构清晰完整、数据客观准确、对存在问题的分析客观透彻、结论建议合理可行的基本要求。

会展项目后评价报告的主要内容包括以下几项：①概要，即主要描述会展项目的背景，包括项目评估的主要目标、委托方和受托方、评估计划的实施过程、调研和问卷调查的发放和回收情况等。②会展项目效果评价，即通过充分的数据分析，对会展项目的实施结果进行评价。项目的效果评价是报告的核心部分。③结论与建议及对策。在调查分析的基础上，得出本次评估的结论，以便为委托方决策提供参考和借鉴。

6. 信息反馈

会展现场活动结束后，会展项目管理还有一个重要环节就是与参展商或会议参与者进行信息的双向沟通和交流。会展企业需要请专业人士对参展、参会的观众情况进行分析，并将由专业信息处理公司计算出来的有关数据及效益评估结果及时传达给各参展商或会议举办者，同时收集反馈意见和建议，以便今后进一步提高项目管理水平。

复习思考题

1. 会展项目验收的意义和目的是什么？
2. 会展项目验收的分类及标准是什么？
3. 会展项目验收的组织与管理步骤是什么？
4. 会展项目后评价的内容是什么？
5. 会展项目后评价的组织与管理内容是什么？

参考文献

[1] 王起静. 会展项目管理[M]. 2版. 北京：中国商务出版社，2011.

[2] 杨顺勇，施谊，刘飞跃，李智玲. 会展项目管理[M]. 上海：复旦大学出版社，2009.

[3] 杨坤. 大型活动项目管理[M]. 天津：南开大学出版社，2010.

[4] 孙裕君，朱其鳌. 现代项目管理学[M]. 2版. 北京：科学出版社，2010.

[5] 钱省三. 项目管理[M]. 上海：上海交通大学出版社，2006.

[6] 陆红. 项目管理[M]. 北京：机械工业出版社，2009.

[7] 何清华，李永奎，李殿维. 项目管理[M]. 上海：同济大学出版社，2011.

[8] 吴卫红，米锋，张爱美. 项目管理[M]. 北京：机械工业出版社，2011.

[9] 杨小平，余力. 项目管理教程[M]. 北京：清华大学出版社，2012.

[10] 马勇. 会展项目管理[M]. 重庆：重庆大学出版社，2007.

[11] 胡平. 会展运营管理[M]. 北京：旅游教育出版社，2007.

[12] 卢晓. 会展项目策划与管理[M]. 上海：上海人民出版社，2006.

[13] 龚维刚. 会展实务[M]. 上海：华东师范大学出版，2007.

[14] 施谊，张义，王真. 展览管理实务[M]. 北京：化学工业出版社，2008.

[15] 杨顺勇. 中国会展：创新与发展[M]. 北京：化学工业出版社，2009.

[16] 马勇，王春雷. 会展管理的理论、方法与案例[M]. 北京：高等教育出版社，2003.

[17] 鲁耀斌. 项目管理——过程、方法与实务[M]. 大连：东北财经大学出版社，2008.

[18] 姚裕群. 团队建设与管理[M]. 北京：首都经济贸易大学出版社，2009.

[19] 中国项目管理研究委员会. 中国项目管理知识体系[M]. 北京：电子工业出版社，2008.

[20] 美国项目管理协会. 项目管理知识体系指南(PMBOK指南)[M]. 6版. 北京：电子工业出版社，2018.

[21] International Organization for Standardization. ISO 9000： Quality Management Systems – Fundamentals and Vocabulary[M]. Geneva： ISO Press，2005.

[22] International Organization for Standardization. ISO 8402： Quality Management and Quality Assurance[M]. Geneva： ISO Press (Withdrawn 2000)，1994.